MANIFESTE POUR LA TERRE ET L'HUMANISME

POUR UNE INSURRECTION DES CONSCIENCES

DU MÊME AUTEUR

Du Sahara aux Cévennes ou la Reconquête du songe, itinéraire d'un homme au service de la terre-mère, Candide, Lavilledieu, 1983 ; Albin Michel, 1995 ; édition en format de poche, Albin Michel, 2002.
Parole de terre : une initiation africaine (préface de Yehudi Menuhin), Albin Michel, 1996.
Le Recours à la terre, Terre du ciel, Lyon, 1995, 1999.
L'Offrande au crépuscule (prix des sciences sociales agricoles du ministère de l'Agriculture), Candide, Lavilledieu, 1989 ; L'Harmattan, 2001.
Le Gardien du feu : message de sagesse des peuples traditionnels, Albin Michel, 2003.
Graines de possibles : regards croisés sur l'écologie, Calmann-Lévy, 2005.
Conscience et environnement : la symphonie de la vie, éditions du Relié, 2006.
La Part du colibri : l'espèce humaine face à son devenir, L'Aube, 2006.
Terre-mère, homicide volontaire ?, Le Navire en pleine ville, 2007.
*Vivre relié à l'essentiel : le XXI*e *siècle sera spirituel… ou ne sera pas !*, Jouvence, 2007.
L'Homme entre terre et ciel : nature, écologie et spiritualité, Jouvence, 2007.
Petits mondes de la forêt, Les Petites Vagues éditions, 2007.
Manifeste pour la Terre et l'Humanisme, Actes Sud, 2008.
Vers la sobriété heureuse, Actes Sud, 2010.

ISBN 978-2-7427-9308-2

PIERRE RABHI

MANIFESTE POUR LA TERRE ET L'HUMANISME

POUR UNE INSURRECTION DES CONSCIENCES

Préface de Nicolas Hulot

BABEL

REMERCIEMENTS

Le contenu du présent *Manifeste* représente une sorte de synthèse de ce qu'il me paraît essentiel de dire au travers de mon itinéraire de réflexion et d'engagement depuis quarante-cinq ans.

Cet ouvrage a impliqué Agnès Florence, Claire Eggermont, Cyril Dion, Jean-Paul Capitani et Michèle Rabhi.

Il est fort probable que, sans leur participation active, la tâche eût été très difficile, voire impossible pour moi seul.

Qu'ils soient tous assurés de mon affectueuse gratitude.

PIERRE RABHI

PRÉFACE

PRIORITÉ AUX CONSCIENCES

Il faut écouter cet homme-là.

Ses mots ne tombent pas du ciel ; ni ne proviennent de cénacles bien-pensants. Ils ont le poids d'une ligne de vie exceptionnelle, mêlant l'expérience rugueuse du contact au réel à l'engagement sans faille au service des convictions. Pierre Rabhi vient de loin et il ne doit rien à personne. L'époque n'a pas fait de cadeau à ce petit gosse du désert algérien, s'échinant à mille boulots pour survivre, débarquant en France pour faire tourner les usines puis arrachant la subsistance de sa famille à des champs de cailloux ardéchois. Mais Pierre a tenu le coup. Et il a fait de son itinéraire personnel le fondement d'une réflexion profonde et singulière.

On a peine à le croire tant les difficultés qu'il a dû affronter se sont montrées abruptes mais Pierre considère que la vie sur terre est un cadeau inespéré. Il se réjouit chaque jour de pouvoir entretenir un rapport apaisé au monde qui l'entoure, dont il perçoit d'abord la beauté et l'harmonie. Le mal-être, si profondément ancré dans les psychés contemporaines, semble ne pas l'atteindre. Pierre est heureux de vivre parce que la nature l'enchante et qu'il ressent la vie comme un éblouissement. Ainsi est-il spontanément attaché à l'existence et à tout ce qui est, à tout ce qui vibre, palpite ou se transforme, ainsi tire-t-il sa force et ses valeurs de cet humus fondamental. Mais c'est aussi là, dans cette matière vivante, qu'il puise sa révolte, une révolte puissante et pacifique qui accompagne chacun de ses actes de vie.

Car si Pierre est heureux de vivre, il se montre en même temps inquiet, terriblement inquiet, que le fil de la vie ne vienne à se rompre. Depuis longtemps il a perçu les signes du désastre possible, il a observé et constaté l'irruption de plus en plus massive d'une crise inédite de la civilisation humaine, se manifestant par l'épuisement des ressources de la terre et la rupture des équilibres naturels, mais aussi par la déliquescence des consciences. Du point de vue de cette régression, les errements de l'agriculture, passant de la noble mission de nourrir les hommes à une logique destructrice de la terre nourricière, constituent la plus forte démonstration de son livre.

Qui aujourd'hui lui donnerait tort ? Chacun, pourvu qu'il ouvre les yeux, peut maintenant aboutir aux mêmes conclusions. Ils n'étaient pas nombreux il y a quelques années à faire les mêmes constats et à en avoir le cœur serré. Hélas, Pierre et les écologistes avaient raison ! On moquait leur "catastrophisme" quand ils n'avaient de cesse de crier casse-cou. Eh bien, le résultat est là : la civilisation est sur le point de se rompre le cou. Oui, la convergence des crises à laquelle nous sommes en train d'assister à grande vitesse – crise énergétique, crise climatique, crise alimentaire, crise du vivant – conduit droit à une crise sociale planétaire et à une récession économique mondiale dont les effets sont imprévisibles.

Rien n'est donc plus urgent que de procéder à un immense changement de braquet et de perspective. "Changer pour ne pas disparaître", dit Pierre. Mais ce qu'il propose ne relève pas seulement d'un programme classique de changement économique et social. La rupture va plus profond. Pierre s'adresse à chaque conscience individuelle pour qu'elle "prenne conscience de l'inconscience" et opère elle aussi sa mutation, hors des pièges de la volonté de puissance et des pulsions de domination. Car Pierre en est convaincu et nous en sommes convaincus avec lui : il faut en revenir à l'homme. Sans appropriation par chacun des valeurs de sobriété et de modération, sans responsabilisation, sans révolution des esprits, bref sans transformation intérieure des individus, la transformation du monde échouera. "L'être humain est son propre obstacle sur le chemin de la libération", écrit-il. Sans doute y a-t-il bien d'autres obstacles de tous ordres – politiques, économiques, philosophiques, religieux – mais celui-ci, qui est en chacun de nous, est majeur.

Je crois comme Pierre que "l'insurrection" des consciences individuelles contre tout ce qui les aliène et qui détruit leur milieu de vie est une condition nécessaire pour que l'humanité échappe au pire et que, en même temps, elle construise les bases d'une nouvelle époque de mieux-être. Puisse ce livre y contribuer.

NICOLAS HULOT,
président de la Fondation Nicolas Hulot
pour la nature et l'homme.

Au-delà des catégories, des nationalismes, des idéologies, des clivages politiques et de tout ce qui fragmente notre réalité commune, c'est à l'insurrection et à la fédération des consciences que je fais aujourd'hui appel pour mutualiser ce que l'humanité a de meilleur et éviter le pire.

Cette coalition me paraît plus que jamais indispensable compte tenu de l'ampleur des menaces qui pèsent sur notre destinée commune, pour l'essentiel dues à nos grandes transgressions.

Par "conscience", j'entends ce lieu intime où chaque être humain peut en toute liberté prendre la mesure de sa responsabilité à l'égard de la vie et définir les engagements actifs que lui inspire une véritable éthique de vie pour lui-même, pour ses semblables, pour la nature et pour les générations à venir.

PRÉAMBULE

J'ai depuis plus de quarante ans engagé mon existence pour tenter de participer à la conciliation de l'histoire humaine avec les impératifs établis par la Nature depuis ses origines. Cette conciliation se révèle, plus que jamais et de la façon la plus irrévocable, indispensable à la survie de notre espèce.

Avec le souci de toujours faire ce que je disais et dire ce que je faisais, j'ai été amené, à l'oral et à l'écrit, à servir de toutes les manières possibles une vision du monde qui me paraissait juste. Chemin faisant, j'ai suscité sans l'avoir recherchée une écoute du public de plus en plus large et de plus en plus d'adhésion à un message écologique et humaniste paradoxal et radical. Je continue encore aujourd'hui à me frayer un chemin dans la complexité de la société contemporaine pour que les valeurs qui m'animent ne soient pas emportées par le fleuve en crue d'un monde qui ne sait où il va.

Selon Antoine de Saint-Exupéry, “écrire est une conséquence”, et c'est ainsi que je l'entends toujours. Mon parcours personnel explique ma démarche et le regard que je porte sur la terre et sur mes semblables. Les valeurs en question dans ce *Manifeste* transcendent bien entendu ma petite personne et cet écrit n'a que pour visée d'affirmer que le monde insatisfaisant que nous avons édifié peut être autre si nous le voulons vraiment de toute notre conviction et de notre ferveur active. En 1984, j'ai publié un livre intitulé *Du Sahara aux Cévennes*, pour décrire dans le détail un itinéraire singulier, sur fond d'une quête spirituelle qui s'affranchit de toute identité ou appartenance, pour devenir celle du simple enchantement devant la beauté de la vie. L'accueil que fit le public à cet ouvrage a mis en évidence la portée d'un point de vue qui ne peut être élucidé et circonstancié que par ce témoignage. N'étant habilité à aucun enseignement ou autorité validée par une discipline, une institution ou une compétence conventionnelle, le présent *Manifeste* constitue une sorte de synthèse de ce qui a fait l'objet de cet engagement.

Je suis aujourd'hui convaincu que la survie de l'espèce humaine ne pourra se passer de l'intégration de deux notions fondamentales : le respect de la terre, comme planète à laquelle nous devons vie et dont nous ne pouvons nous dissocier (et à son prolongement direct qu'est la terre nourricière), et l'avènement d'un humanisme planétaire, seule perspective capable de donner un sens à l'histoire de l'humanité en tant que phénomène.

Première partie

LA TERRE

La planète ne nous appartient pas, c'est nous qui lui appartenons. Nous passons, elle demeure.

VERS UN TSUNAMI ALIMENTAIRE MONDIAL

Tout au long de ma vie, j'ai consacré mon énergie à alerter l'opinion sur la tragédie alimentaire mondiale que je voyais se profiler. Parallèlement j'ai œuvré, d'abord pour moi-même, puis pour les paysans les plus démunis, à développer des techniques qui permettraient aux populations de retrouver la capacité de se nourrir par elles-mêmes, quel que soit leur environnement. Malheureusement mes prédictions se trouvent aujourd'hui confirmées par l'actualité, et comme nous le présagions avec d'autres pionniers de l'agriculture biologique, l'agroécologie est aujourd'hui présentée comme une alternative incontournable. Il m'a paru essentiel dans ce chapitre de redonner une vue d'ensemble de la catastrophe que nous affrontons et des solutions que nous pouvons y apporter, à la lumière de quarante années d'expérience et d'observations.

LE MONDE RISQUE D'AVOIR DE PLUS EN PLUS FAIM ET L'OCCIDENT NE SERA PAS ÉPARGNÉ

La crise alimentaire est à nos portes et elle a déjà fait des ravages. Les émeutes, et particulièrement celles du début de l'année 2008, en Haïti, au Cameroun, au Mexique, en Egypte, au Burkina Faso… le prouvent. La liste des pays touchés est longue et tragique. La FAO (Food and Agriculture Organization of the United Nations) a recensé une trentaine de pays pour lesquels la hausse des prix alimentaires est catastrophique. Pour près d'un pays sur trois (parmi ceux qui sont touchés par la crise), s'ajoutent à cette détresse alimentaire des problèmes politiques, d'insécurité, voire de guerre civile. Car pour chaque augmentation de 1 % du prix des denrées de base, selon les données du Fonds international de développement agricole (FIDA), 16 millions de personnes supplémentaires se retrouvent en insécurité alimentaire. D'ici à 2025, 1,2 milliard d'êtres humains pourraient avoir chroniquement faim, soit 600 millions de plus que ce qu'annonçaient les anticipations précédentes.

Les pays dits développés ne sont plus à l'abri des insuffisances alimentaires. Peu de nos concitoyens, habitués à la surabondance d'une nourriture de plus en plus frelatée et toxique qui comble jusqu'à leurs poubelles, peuvent aujourd'hui l'imaginer. La certitude de ne jamais vivre de pénuries endort les esprits, qui semblent n'être focalisés que par les modifications du climat : lorsque l'été "bat son plein" dominé par le principe du feu, on reparle chaque année de canicule, de sécheresse, d'incendies, de pénuries d'eau ; lorsque ces considérations se dissipent sitôt les vacanciers rentrés dans leur cité laborieuse, il est alors question d'inondations et de la rigueur éventuelle de l'hiver… Mais ces préoccupations sont dérisoires face aux signes avant-coureurs d'une pénurie mondiale. Pourtant, tous les paramètres concernant cette question sont négatifs depuis des années déjà. Leurs combinatoires préparent des jours très difficiles dans le court ou le moyen terme, et si des résolutions ne sont pas prises pour conjurer le sort, le monde aura de plus en plus faim. Cette problématique, majeure entre toutes, doit faire l'objet d'une pédagogie résolue. Trop peu de nos concitoyens sont conscients de la terre et des fonctionnements qui la régissent. Parmi les facteurs dont les conjonctions nous ont conduits à cette situation, on peut particulièrement citer :

– L'érosion accélérée des sols par l'eau, le vent, la déforestation et les pratiques aratoires inconsidérées qui compactent, dévitalisent et asphyxient les sols, et un machinisme de plus en plus lourd et violent.

– La salinisation accélérée des sols en divers lieux de la planète.

– La destruction des métabolismes naturels de la terre arable par l'agrochimie, avec les conséquences qui en découlent directement : pollution des eaux, des environnements naturels, atteinte à la santé publique…

– La perte considérable d'une biodiversité végétale et animale sauvage et domestique, patrimoine vital de l'humanité constitué depuis 10 à 12 000 ans, tout au long de la prodigieuse épopée de l'agriculture.

– Les manipulations génétiques aveugles, le brevetage et la privatisation du vivant qui détroussent les peuples de leur patrimoine génétique millénaire pour les rendre dépendants de semences non reproductibles, dont les conséquences négatives sur la santé et l'environnement ont été mises en évidence par des tests scientifiques rigoureux (on peut notamment lire à ce sujet l'étude très documentée de Marie-Dominique Robin, *Le Monde selon Monsanto*).

– L'élimination des paysans qui ont toujours entretenu sur l'ensemble des territoires une alimentation diversifiée, au profit de macrostructures de production, de transformation et de transports incessants, aggravant ainsi considérablement la dépendance des populations à l'égard d'un système aléatoire et arbitraire. Le moindre obstacle à l'acheminement ou à la production se traduirait aujourd'hui par un déficit instantané des stocks, qu'on préfère entretenir en flux tendus plutôt qu'en épargne alimentaire.

– La folie "agro-necrocarburante" qui se prépare à faire de la terre nourricière, dont le magnifique magistère est de nourrir l'humanité, une pourvoyeuse de combustible pour entretenir la frénésie de la mobilité à tout prix. Par ailleurs, la raréfaction et la cherté du pétrole auront fatalement une incidence sur la production et pénaliseront plus particulièrement l'agriculture du Tiers Monde, compte tenu de l'équation : trois tonnes de pétrole pour une tonne d'engrais.

– La surconsommation de protéines animales sur le ratio : douze protéines végétales pour une protéine animale. Selon la FAO, 30 % des terres arables de la planète sont aujourd'hui dévolues à l'alimentation animale et pour une grande partie au cheptel européen et américain, privant ainsi de nombreuses populations qui ont faim de terres disponibles. Par ailleurs, quels que soient les choix alimentaires (végétariens ou non), la condition qui est faite aux animaux, considérés comme des machines à produire des protéines, est intolérable. Elle est indigne d'une société qui se prétend évoluée. Des expériences d'animaux élevés à l'air libre et à l'herbe se sont révélées très pertinentes et intelligentes pour fournir des protéines animales de qualité.

– La destruction des abeilles auxquelles nous devons ce merveilleux produit que l'on appelle miel mais aussi et surtout 30 % de notre alimentation à travers la pollinisation.

– Les changements climatiques ajoutent à tous ces paramètres, pour la plupart réformables si nous en avons la volonté, des facteurs imprévisibles sur lesquels les humains n'ont aucune maîtrise. Des phénomènes tels que sécheresse aiguë, inondation, élévation ou baisse anormale de températures ont déjà lieu. Et il n'est pas superstitieux de penser qu'ils peuvent atteindre des amplitudes cataclysmiques et faire que nos projets n'aient pas de lendemains. Car nous entrons dans une ère où, face aux planifications de l'homme, la nature décidera et mettra des limites. Car contrairement à une illusion entretenue pour nous rassurer, nous ne dominons pas la nature. Comprendre et intégrer cette évidence serait une preuve de réalisme, de lucidité et d'intelligence.

LA TRAGÉDIE DE LA DÉTRESSE ALIMENTAIRE : L'ÉCHEC LE PLUS DÉSHONORANT ET LE PLUS ASSERVISSANT

C'est peut-être l'état d'un monde miné par ses incohérences qui suscite selon les circonstances colère ou compassion ; il ne connaît guère d'autre gouvernance que celle qu'inspire la dévotion inconditionnelle au veau que l'on dit d'or, et qui, rigide, étincelant et froid, lève un mufle triomphant, tapi dans l'âme et le cœur de l'être humain. Il est illusoire de croire que l'argent obéit à la rationalité ; ce que nous appelons l'économie ne traduit qu'un désir matériel permanent et sans cesse inassouvi ; la politique n'offre qu'un triste spectacle d'acteurs éphémères, gesticulant et remplissant un temps qui ne passe jamais, tandis que nous passons. Minés par cette ambiance et par la crainte des dérèglements climatiques, peu de gens ont conscience des graves menaces de pénurie et de famine qui se préparent insidieusement. Pour un nombre grandissant de nos semblables sur la planète, la détresse alimentaire est déjà une calamité qui les éprouve au quotidien et les détruit. Et cette tragédie est un manquement grave, imputable à la seule conscience du genre humain, et non à l'insuffisance des ressources.

Toujours me revient en mémoire l'image de cette femme au visage exsangue couverte de haillons et accroupie dans la poussière d'une terre sahélienne elle-même à l'agonie. La femme regarde sans regarder de ses yeux cernés de fièvre. A sa mamelle tarie et plate est suspendu un enfant malingre aux yeux clos, une sorte de squelette minuscule presque irréel. Tel un oisillon tombé du nid, il ouvre de temps en temps sa petite bouche pour se plaindre, mais ne le peut, réservant un souffle inconsistant à entretenir une vie des plus incertaines.

C'est ainsi qu'à des milliers d'enfants la vie est donnée, mais comme pour témoigner de la cruauté de la vie. Car procréer est non seulement un acte des plus faciles et banals, mais il se fonde sur un des plaisirs les plus intenses que l'on puisse éprouver. Il suffit d'un court instant pour déterminer une destinée tout entière. Ceci n'a-t-il pas quelque chose de terrifiant et d'incompréhensible ?

POUR CEUX QUI MEURENT CHAQUE JOUR DE FAMINE, IL EST CHAQUE JOUR TROP TARD

J'ai vu de nombreuses mères semblables errer dans la steppe en quête de quelques graminées épineuses et revêches qu'il faut battre des heures durant pour en obtenir une manne de survie. Des femmes harassées par les dures besognes qu'impose la volonté extrême d'arracher les enfants à la mort. Ces efforts, qui les poussent jusque dans leurs dernières limites, ne leur permettent généralement que d'ajourner cette mort, restée imminente à chaque instant et qui finit trop souvent par triompher. Il arrive alors qu'on ne sache plus si cette rupture n'est pas plus bénéfique que tragique, lorsqu'elle met un terme à une longue et cruelle agonie. Mais la mort des enfants, contrairement à celle des vieillards, nous afflige toujours, car elle n'est pas dans l'ordre de la vie. Elle semble transgresser un principe intangible.

On dit qu'il n'est jamais trop tard pour agir, mais pour les 15 000 ou 20 000 enfants qui meurent chaque jour de famine, il est chaque jour trop tard. Cela devrait provoquer une formidable insurrection des consciences, suivie des actes réparant un préjudice d'autant plus grave que la famine résulte d'une sorte de stratégie programmée et souvent aggravée par les guerres intestines et les sécheresses.

RIEN NE PEUT JUSTIFIER LA FAIM : LA PLANÈTE RECÈLE DES RESSOURCES EN SURABONDANCE POUR SATISFAIRE AUX BESOINS DE TOUS SES ENFANTS

Et nous voici installés dans un dilemme : la trop grande prolifération humaine n'est certes pas souhaitable dans des conditions de précarité, et cependant la planète recèle des ressources en surabondance pour satisfaire aux besoins de tous ses enfants. Toute rationalité en ce domaine est mise en échec par la subjectivité, les pulsions, les émotions, les désirs et les espoirs, les aspirations et les peurs qui composent et décomposent notre humanité. La cruauté est en l'occurrence imputable aux êtres humains incapables de partage et d'équité, à l'insatiabilité de quelques-uns au détriment du plus grand nombre, à la coupable complicité des Etats qui ne peuvent ou ne veulent protéger leur population de l'indigence programmée, quand ils ne sont pas eux-mêmes beaucoup trop souvent affectés de corruption.

Nous savons ce dont la communauté internationale est capable lorsqu'il s'agit d'armements, de prouesses inutiles, de divertissements onéreux, de pillage ou de guerre. Dans ce contexte, la famine est insupportable. A la souffrance physique déjà insoutenable, s'ajoute pour l'être humain qui a faim une profonde régression morale et psychique. L'instinct animal de survie s'exacerbe et la nourriture devient une obsession qui ne laisse place à aucune autre pensée. La violence n'ayant jamais généré que violence depuis les origines, il nous faudra désormais, comme antidote à la précarité alimentaire, la force de l'humus vital, à la fois symbole et matière, dont a été démontré le pouvoir de rendre les terres aussi fécondes que possible.

Voilà pourquoi mon obsession, à présent, est de propager les techniques de l'agroécologie dont l'efficacité et les bienfaits ont été validés par les paysans les plus démunis.

L'ABSURDE LOGIQUE DE L'AGRICULTURE MODERNE, SES RAVAGES ET SES ABERRATIONS

On peut raisonnablement se demander ce qui a pu nous conduire à une situation aussi dramatique alors que les progrès de l'agriculture industrielle nous promettaient, il y a encore trente ou quarante ans, de mettre fin à la faim dans le monde. Mais quelles ont réellement été les conséquences de ce revirement inédit dans l'histoire millénaire de l'agronomie ?

Avec les grands bouleversements du monde contemporain, l'agriculture a évidemment subi des transformations considérables d'abord au sein de l'Occident, l'option industrielle modifiant assez rapidement la répartition des populations dans l'espace. Les pôles industriels ont tout d'abord drainé la main-d'œuvre rurale comme force de travail pour l'extraction du minerai pour les hauts fourneaux, le travail à la chaîne... Ce fut l'amorce d'un processus qui ira grandissant. Il importait de savoir comment nourrir des populations importantes démobilisées de la terre, avec des cultivateurs moins nombreux.

Pour expliquer la mutation de l'agriculture en Europe en particulier, les travaux du chimiste allemand Justus von Liebig, inventeur de la tablette de bouillon de viande concentré, sont souvent invoqués. Pour augmenter la productivité, il lui fallait comprendre les mécanismes de la fertilité des sols. M. Liebig choisit pour cela le protocole d'investigation le plus direct : brûler des plantes et analyser leurs cendres pour mettre en évidence les substances qui les composent (substances censées avoir été prélevées par les plantes dans le sol et donc exportées par les récoltes). M. Liebig supposa que ce prélèvement réduisait la fertilité et qu'il faudrait nécessairement la rétablir. L'analyse des cendres fit apparaître un certain nombre de nutriments parmi lesquels trois éléments majeurs : le nitrate, le phosphore, le potassium (la fameuse formule NPK) auxquels s'ajoute le calcium. Selon sa logique, il suffisait de restituer ces substances au sol pour rétablir l'équilibre compromis par les prélèvements. Cette théorie donna naissance au principe de la restitution minérale avec les engrais dits artificiels. Le nitrate et le phosphore étaient jusqu'alors produits massivement pour des usages militaires et ce n'est, semble-t-il, que la conjonction avec les travaux de Liebig qui les orientèrent vers l'agriculture.

Dès les premières applications, les engrais chimiques révélèrent leur capacité à augmenter efficacement la production. Ce fut la première contribution importante de l'industrie à l'agriculture qui sera suivie par celle des outils mécaniques d'abord élémentaires à traction animale, puis autotractés. Avec l'industrie chimique, le machinisme agricole deviendra un secteur technologique à part entière permettant au cultivateur de donner à l'agriculture une orientation inspirée des principes industriels. L'engrais chimique, rendu soluble pour être assimilé plus facilement et rapidement par les plantes, provoquera un appauvrissement progressif en micro-éléments, traitant le sol comme un simple substrat plutôt que comme un organisme vivant.

LE TRAGIQUE BILAN ÉCONOMIQUE, ÉCOLOGIQUE ET SOCIAL DE L'INDUSTRIE AGRICOLE

En ces circonstances, le paysan traditionnel attaché à sa glèbe et à sa charrue à traction animale cède la place à l'exploitant agricole capable de nourrir de plus en plus de concitoyens, équipé de ses machines, engrais, pesticides et semences sélectionnées. Le cheval-animal disparaît au profit du cheval-vapeur. Le paysage, modelé par des siècles d'aménagements selon le principe de l'équilibre agro-sylvo-pastoral, est peu à peu adapté au machinisme. Le productivisme aidant, les champs, après élimination des haies et bosquets, deviennent de vastes espaces dénudés pour une monoculture à la fois intensive et extensive. Ce qu'on appellera le remembrement est en réalité un véritable démembrement ou démantèlement des structures à taille humaine. Tandis que l'industrie prend un essor inouï, l'agriculture est mobilisée pour résoudre les pénuries provoquées par la dernière guerre. Stimulée par les subventions à la production, la productivité ne cesse d'augmenter. Les structures agricoles deviennent compétitives, les plus petites assument de moins en moins la concurrence en dépit des garanties d'un marché sous contrat. L'agriculture finit par disposer de protéines végétales en abondance et cette saturation risque de constituer une limite à la productivité non plus agricole mais industrielle, et donc de mettre une limite au profit financier. Pour ouvrir de nouvelles voies à cette expansion, il faut stimuler de nouveaux comportements alimentaires symbolisant la prospérité.

DU PAIN AU BEEFSTEAK, VERS UNE FABRIQUE INFERNALE DE PROTÉINES ANIMALES

Influencés probablement par la culture américaine, on passe alors de la nécessité de gagner son pain à celle de gagner son beefsteak. Or, c'est par la transformation de dix à douze protéines végétales qu'on peut obtenir une protéine animale sous forme de viande, lait, beurre, œuf ou fromage. Ce sont dix kilos de céréales qu'il faut donner à un bœuf pour obtenir un kilo de viande. Ce ratio dispendieux s'accompagne d'une rationalité froide : comment produire le maximum de protéines animales dans le minimum de temps et le minimum d'espace ? La réponse se trouve dans le système "hors sol". L'animal n'est plus perçu comme une créature vivante et sensible, mais comme une masse ou une fabrique de protéines qui est poussée à la performance productive par une alimentation concentrée. La vache herbivore, ruminant comme chacun sait, a été rendue folle par une alimentation de carnivore. Cette apothéose de l'absurde a été scientifiquement établie et constitue l'un des fleurons de l'ignorance ou du cynisme au service de l'avidité.

Ce séisme de la vache folle a tout de même troublé l'indifférence et la quiétude quasi générales, alertant l'opinion sur des nuisances alimentaires avérées, vainement dénoncées par des thérapeutes et des chercheurs durant des décennies. L'honnête citoyen a enfin appris que sa nourriture peut être insalubre et même mortelle.

DE LA DIVERSITÉ INTERACTIVE À LA SPÉCIALISATION

De tout cela découle évidemment de la souffrance, mais l'obsession du résultat économique outrepasse toute autre considération. Les usines concentrationnaires à protéines animales se multiplient et sollicitent également les protéines végétales du Tiers Monde, moins coûteuses. Les excédents de protéines animales prennent des proportions telles qu'il faut jeter ou stocker. Puis il faut corriger artificiellement les baisses de rémunération des éleveurs – consécutives à la pléthore – en faisant appel aux ressources de tous les citoyens. Car il faut éviter tout préjudice au producteur qui doit continuer à produire, perfusionné par la collectivité à travers les subventions... L'intensification se poursuit donc, inexorablement. Les déserts de maïs, de blé, d'orge, de tournesol... s'élargissent, transformant le paysage en un gigantesque damier où l'industriel de la terre, solitaire, est confiné dans la cabine de son tracteur (tracteur que l'on a progressivement équipé de gadgets dernier cri pour l'aider à surmonter l'ennui suscité par le vide et la banalité d'une terre, substrat impersonnel, qui n'a plus ni langage, ni vie, ni beauté). Les fermes de polyculture et d'élevage organiquement constituées comme des systèmes intégrés, fondés sur la diversité interactive, cèdent la place à la spécialisation : céréalier, éleveur, arboriculteur, viticulteur, fleuriste, maraîcher…

L'AGRICULTURE DITE MODERNE NE PEUT PRODUIRE SANS DÉTRUIRE

Inspirée par les processus et les mécanismes de la loi du marché et du profit illimité, l'agriculture dite moderne, nous l'aurons compris, ne peut produire sans détruire. Il est par ailleurs impensable qu'une activité dont le flux énergétique nécessite la combustion de douze calories-pétrole pour une calorie alimentaire puisse se poursuivre indéfiniment. La raréfaction et la cherté du pétrole, comme je l'ai déjà souligné, ayant une incidence sur le coût de production, contribuent à l'aggravation de la pénurie alimentaire. C'est en grande partie aux matières premières à bas prix du Tiers Monde que le “miracle” agronomique a dû et doit encore, comme lors des trente glorieuses, ses outrances et ses excédents extravagants. Ces derniers nécessitent des dispositions artificielles de soutien outrepassant les normes d'un véritable fonctionnement économique. Certes, l'agriculture industrielle a accompli sa mission, à savoir nourrir les populations essentiellement occidentales, mais n'a pas vraiment résolu la sous-alimentation et la faim dans le monde, qui ont même été aggravées par les surproductions envahissant les marchés les plus démunis.

L'AGRICULTURE OCCIDENTALE EST AINSI PARADOXALEMENT L'UNE DES GRANDES CAUSES DE LA FAMINE

Pour les paysans, il existe peu d'activités humaines cumulant autant d'aberrations et générant autant de détresse que cette agriculture dite “moderne”. En dépit des travers inhérents à toute l'humanité, la paysannerie a naguère été vaillante, éduquée par les lois intangibles et parfois très rigoureuses de la nature. Elle en a hérité le bon sens, l'endurance et la cadence. Elle a aussi payé de lourds tributs lors des grands conflits, prise dans la tourmente d'une idéologie qui ne lui laissait plus de place, après avoir tiré de son travail, au nord comme au sud, des profits absolument colossaux, redistribués à une minorité essentiellement urbaine.

Le milieu naturel ne sort pas non plus indemne de cette histoire. Les pesticides et intrants chimiques polluent aujourd'hui les sols et les eaux souterraines. La mortalité humaine par les pesticides est considérable dans les pays du Tiers Monde et constitue l'un des grands scandales de notre temps*. Chemin faisant, le paysan, soumis à tous les endoctrinements publicitaires, a négligé les semences traditionnelles ancestrales adaptées à son territoire, reproductibles, correspondant à son équilibre alimentaire et qui lui ont permis une autonomie séculaire. Cet endoctrinement l'a poussé à adopter des semences hybrides non reproductibles qu'il ne maîtrise pas et qu'il est

* Voir à ce sujet l'ouvrage de Fabrice Nicolino, *Les Pesticides, un scandale français*.

obligé de racheter tous les ans, en attendant les OGM qui achèveront de le mettre radicalement sous dépendance. Son métier devient une sorte de cauchemar où la peur de vivre devient plus forte que celle de mourir... Le nombre de paysans acculés au suicide ne cesse d'augmenter. Ce phénomène est maintenu secret et mis au compte des pertes et profits d'une machinerie internationale dont l'abjection n'a d'égale que la froide indifférence des âmes qui la composent.

LA "NOURRITURE" A CÉDÉ LA PLACE À LA "BOUFFE"

L'agriculture industrielle a permis l'abondance de denrées alimentaires à des prix de plus en plus bas au point que la dépense d'un ménage occidental pour la nourriture ne représente plus guère que 15 % de son budget. Ainsi, l'indispensable est banalisé, laissant une marge illimitée au superflu... Le magnifique terme de "nourriture" qui, au-delà de la matière nutritive, a des résonances symboliques et poétiques – en lien avec ce monde de saveurs subtiles qui, préparées avec art réjouissent l'âme et le corps et favorisent la convivialité –, a cédé la place à "la bouffe" qui désigne cette matière surabondante frelatée, manipulée et polluée. Ainsi, les biens de la terre ne nous parviennent plus comme des offrandes que chaque saison nous apporte en temps et lieux les plus propices, en une nourriture imprégnée des cadences, de la patience universelle, de l'énergie du cosmos et qui a tant contribué au bien-être de tous les terriens par sa diversité foisonnante, sa manifestation prodigieuse de la prodigalité de la vie.

S'alimenter, pour la masse des populations, consiste au contraire à avaler de tout et toute l'année, à ingérer des denrées impersonnelles, anonymes, transitant clandestinement à travers les estomacs et les intestins pour assurer à son organisme-poubelle, sursaturé mais carencé, le fonctionnement métabolique dont l'économie a impérativement besoin pour sa propre survie.

Et tandis que la friche s'installe partout, un carrousel permanent de bateaux, d'avions, de cargos, de trains et de camions font transiter et se croiser la nourriture de tous les points du globe. Cette chorégraphie délirante nous oblige alors à consommer des denrées anonymes ayant parcouru des milliers de kilomètres au détriment de celles que nous sommes en mesure de produire localement. Loi du marché oblige.

Dans les années 1980, un camion de tomates a quitté la Hollande pour livrer l'Espagne. Dans le même temps, un autre camion de tomates part de l'Espagne pour livrer la Hollande. Les deux camions ont fini par se percuter sur une route française ! Cette anecdote vraie est une caricature qui devrait nous faire méditer sur l'absurdité de notre système…

BON APPÉTIT OU BONNE CHANCE ? UNE TRISTE DÉRISION

Seulement, voici que ce fonctionnement révèle de graves dysfonctionnements car la sécurité alimentaire en terme quantitatif s'accompagne de ce qu'il faut bien appeler "l'insalubrité alimentaire". L'usage massif de pesticides de synthèse est particulièrement dramatique. On commence enfin à prendre au sérieux cette question en faisant le rapprochement entre la nourriture et le véritable fléau de pathologies dites de civilisation qui, en dépit de nos connaissances et de nos équipements médicaux les plus sophistiqués, ne cessent de s'étendre. Ces pathologies – entre autres, le cancer, les maladies cardiovasculaires et l'obésité – sont pour la première fois considérées comme des problématiques mondiales. Les dépenses de santé sont en phase d'outrepasser celles de la nourriture dans les pays civilisés. Cette inversion est l'un des grands paradoxes des pays riches. Il prend les allures d'une tragique dérision. Bref, la nourriture, l'air, l'eau, attributs fondamentaux de la vie, garants de sa pérennité depuis les origines, deviennent peu à peu les complices de la mort. Un humoriste disait qu'il faudra bientôt, au commencement des repas, se souhaiter non plus "bon appétit" mais "bonne chance". Au train où vont les choses, l'humour risquera de traduire une réalité tout à fait objective et la dérision exprime déjà une tragédie et un paradoxe insensés : la nourriture faite pour entretenir la vie est en train de la détruire ; on ne peut aller plus loin dans l'obscurantisme, y compris d'une science censée en être l'antidote.

L'AGRICULTURE MODERNE : LA PLUS VULNÉRABLE ET LA MOINS RENTABLE DE TOUTE L'HISTOIRE

En plus d'être destructrice, l'agriculture moderne est extrêmement fragile. La culture du maïs par exemple épuise les sols, nécessite beaucoup d'intrants – en particulier de pesticides – et, pour compléter le tout, a besoin d'environ quatre cents litres d'eau pour produire un kilo de grain (ce qui, en toute logique, nous donne quatre mille litres d'eau pour un kilo de viande). Comme par ailleurs il faut à peu près deux tonnes et demie à trois tonnes de pétrole pour fabriquer une tonne d'engrais et que le pétrole est indexé sur le dollar, l'agriculture est quasi totalement subordonnée au pétrole. Ce qui en fait un mode de production extrêmement vulnérable et dépendant. Par ailleurs, les coûts cumulés pour produire de cette façon se révèlent globalement très élevés car pour produire une calorie alimentaire, il faut en consommer douze d'énergie. A cela s'ajoutent toutes les productions hors saison nécessitant une grande quantité de combustible pour obtenir artificiellement des températures quasi estivales au cœur des frimas. Nous sommes de toute évidence face au système le plus onéreux et le moins rentable de toute l'histoire de l'agriculture.

Mais au-delà d'une simple problématique agricole ou alimentaire, l'agriculture industrielle est représentative d'une civilisation qui a donné à la matière minérale, au lucre et à l'avidité humaine les pleins pouvoirs sur le vivant et sur les vivants que nous sommes. Cette inversion de logique prend l'allure d'une dangereuse chimère dont les conséquences négatives se révèlent dans notre physiologie même. Car dans une société dominée par la frénésie et la prolifération des gadgets, il n'est plus de place à l'art de s'alimenter et de prendre soin de ce don magnifique que la nature a fait à notre conscience et que nous appelons notre corps. Nous faisons plus attention à ce que nous mettons dans les moteurs de nos véhicules qu'à ce que nous ingérons pour entretenir ce bien qui, lorsqu'il est altéré, se révèle être le plus irremplaçable. Nous négligeons ainsi ce bien suprême que ni les dollars ni aucune vanité ne peuvent remplacer et auquel la sagesse humaine a donné le nom de santé.

FACE À UNE OPINION CONVULSÉE PAR LA PANIQUE, LES POLITIQUES CHERCHENT À RASSURER ET NON À DIAGNOSTIQUER VRAIMENT

Au-delà des peurs, ces événements, mettant en cause les politiques, les scientifiques, les producteurs, les commerçants…, auraient pu être saisis comme une opportunité exceptionnelle pour établir un diagnostic général de notre système d'existence. Pourtant, au moment de la crise de la vache folle, l'urgence démagogique l'a comme toujours emporté et, pour rassurer d'urgence une opinion convulsée par la panique, a offert aux citoyens le spectacle d'un immonde carnage de bovidés comme gage du sérieux avec lequel on prenait en compte la problématique. C'est encore une fois la peur et non la raison qui allait faire progresser, un peu mais si peu encore, la conscience collective.

Il n'est pas question ici de culpabiliser les agriculteurs, considérant qu'ils ont été, comme toutes les catégories sociales, englobés dans la même logique totalitaire. Néanmoins, cela ne les dédouane évidemment pas, comme tout un chacun, de la responsabilité que le libre arbitre et la démocratie nous permettent. Et les agriculteurs, en acceptant comme d'autres corporations professionnelles la compétitivité, la rivalité et le "toujours plus" au détriment du voisin n'ont pas contribué à l'amélioration de leur condition. Une internationale paysanne reposant sur des critères solidaires aurait sans doute limité les dommages. Cette question est au cœur même de la problématique du système qui nous gère et nous digère.

LA FIN DE L'AUTONOMIE DES PAYSANS DU TIERS MONDE ET DES ORGANISATIONS TRADITIONNELLES : L'ENGAGEMENT D'UN PROCESSUS D'ALIÉNATION IRRÉVERSIBLE

Café, cacao, coton, arachides, canne à sucre, manioc, soja... la liste est longue des produits agricoles fournis par les paysannes et paysans du Tiers Monde pour alimenter les marchés internationaux. La fameuse mondialisation n'est pas d'aujourd'hui. Avant elle, ces paysannes et paysans constituaient des communautés et des ethnies organisées pour survivre des ressources de leurs divers territoires et d'une agriculture destinée quasi exclusivement à satisfaire leurs besoins alimentaires directs. Attachées à leur glèbe nourricière, parfois chiche, parfois prodigue, bon an mal an, ces communautés ont pu traverser les siècles grâce à leur capacité à valoriser les biens de leur terre. Cette autonomie alimentaire constituait le fondement indispensable à toute structure sociale, et toutes les communautés répondaient d'une façon autonome à toutes leurs nécessités vitales, nourriture, vêtements, abri, soins... A ces besoins matériels s'ajoutaient les valeurs immatérielles, le monde des cosmogonies, des croyances, coutumes et rituels, l'expression artistique… Avant l'ère industrielle, ce mode d'existence était, à quelque chose près, également celui des populations européennes. L'Europe de l'Est recèle encore des structures inspirées et déterminées par les conditions naturelles élémentaires, mais on peut pronostiquer sans risque d'erreur que les critères que leur appliquera l'Europe agricole ne les épargneront pas plus qu'elle n'a épargné les paysans de l'Europe prospère, aujourd'hui réduits à 3 ou 4 % de la population, avec l'objectif d'une diminution encore plus drastique, digne d'une atteinte aux droits de l'homme.

AU SUD COMME AU NORD, LES MÊMES IMPASSES

La paysannerie du Sud passe donc par les mêmes impasses que celles du Nord, mais sans subventions ni compensations autres qu'une misère aggravée. Avec des conditions spécifiques, c'est la même idéologie du productivisme et de la croissance indéfinie qui ravage les populations paysannes sur toute la planète. Le scénario reste le même, les paysans fonctionnant sur les bases de leurs savoir et savoir-faire traditionnels sont considérés comme des attardés. L'image que leur renvoie d'eux-mêmes la modernité bouleverse leurs structures mentales, en fait des êtres surannés. Ils vivent dans une oralité qui accroît leur marginalité. L'histoire se fait sans eux. Elle est l'affaire des 20 % d'êtres humains concernés par les grandes mutations technico-scientifico-marchandes qui dominent le monde. Pourtant, cette paysannerie représente une énergie productive que les nations, jeunes ou anciennes, ont intérêt à mobiliser pour leurs économies. L'argent, rare dans les économies vernaculaires, s'y infiltre insidieusement pour devenir peu à peu une référence économique ayant pour parité des biens échangeables.

Le sort en est jeté : PIB et PNB obligent, les paysans sont mobilisés à produire des denrées exportables pour obtenir des devises destinées à la caisse des Etats et à l'économie nationale. Pour obtenir les rendements, il faut appliquer les dispendieuses méthodes de production moderne et, pour la première fois, les paysans font la connaissance de la trilogie des intrants occidentaux : engrais chimiques, pesticides de synthèse, semences sélectionnées. La mécanisation reste limitée et c'est avec sa force physique, celle des femmes et des enfants, ou des animaux de trait que le cultivateur doit produire.

Une stratégie efficace est mise en place, des vulgarisateurs spécialement formés enseignent aux paysans les méthodes "rationnelles" de travail moderne, semis en ligne, usage des engrais... Après un essai gratuit sur ses parcelles pour le convaincre de l'efficacité de la "poudre des Blancs", des coopératives ou autres structures s'organisent pour fournir au paysan désargenté les intrants, très souvent sous forme d'avances sur recettes. A charge pour lui d'acheminer la récolte vers la coopérative qui se chargera du regroupement, de l'exportation, de la commercialisation des produits ; la vente nécessitant des délais que le paysan doit accepter avant de percevoir son dû, amputé du prix des intrants. Ce terme des échanges est d'emblée défavorable au paysan. Les intrants industriels sont indexés sur la valeur du baril de pétrole et sa parité : le dollar connaît des variations relativement faibles, mais le produit agricole, lui, est soumis aux aléas des cours du marché international. Ce marché peut ainsi jouer de la pléthore ou de la pénurie à son gré, et mettre en concurrence les producteurs à l'échelle internationale : du coton produit à la houe est traité commercialement comme celui qu'un gros fermier américain subventionné produit avec son tracteur sur ses immenses champs.

A ce jeu, le paysan finit par contracter des dettes qu'il aura de plus en plus de mal à honorer, jusqu'à l'endettement chronique et l'insolvabilité définitive. Le voilà engagé dans un processus d'aliénation irréversible. Les devises produites par le fruit de son travail n'ont qu'une retombée très limitée sur sa propre condition. Elles servent essentiellement au budget des Etats, à la fonction publique, aux équipements militaires très onéreux… Pour produire plus, le paysan défriche, déboise et contribue sans en être conscient à la désertification de son milieu naturel. Par ailleurs, le temps consacré à la production de rente est à déduire de sa production vivrière directe. Des céréales importées à bas prix d'un pays où le producteur est subventionné, voire sous la règle du dumping, viennent corriger les pénuries. Il arrive également que ce soit la surproduction exceptionnelle de paysans pauvres qui compense les pénuries d'autres paysans pauvres.

UNE CATASTROPHE HUMAINE ET ÉCOLOGIQUE DU TIERS MONDE AUX ETATS-UNIS

Avec la concurrence sur le marché international, non seulement les producteurs riches détruisent les pauvres, mais les pauvres se détruisent entre eux. Car on a bien pris soin d'établir des frontières parfois artificielles pour stimuler la compétitivité. Nous voici au cœur de la guerre économique dans laquelle le paysan s'est trouvé enrôlé sans en avoir conscience. Bien sûr, cette histoire ne concerne pas les gros propriétaires terriens du Tiers Monde ou autres latifundiaires qui ont rejoint la confrérie des samouraïs de la productivité et qui doivent pour beaucoup leurs performances à l'asservissement des petits paysans sans terre, devenus au mieux leurs ouvriers, ou pire des parias dans les cités surpeuplées. Ainsi s'est constituée la caste mondiale des industriels de la terre, souvent favorisée par des dispositions foncières qu'elle peut déterminer à sa convenance, étant également présente dans l'espace des décisions politiques. Même les paysans des Etats-Unis, pays qualifié le plus riche de la planète, ont subi les affres de ce scénario de désolation et nombreux sont ceux qui se suicident pour cause de faillite.

UNE EXPÉRIENCE DE PLUS DE VINGT ANS AUPRÈS DES PAYSANS SAHÉLIENS

Mon expérience de plus de vingt ans au cœur de cette problématique m'a mis en présence de paysans sahéliens, qui non seulement avaient été mis dans des conditions de précarité économique extrême, mais que les grandes sécheresses avaient transformés en étrangers sur leur propre terre. Une sécheresse comme celle qui, dans les années 1970, a affecté toute la bande sahélienne du Sénégal à l'Ethiopie a eu des conséquences immédiates, apocalyptiques, pour les populations concernées, entraînant famine, troupeaux décimés... Mais elle constitue également un drame écologique d'une grande ampleur avec la destruction du couvert végétal, de la faune et de la flore sauvages. Le Sahel s'est transformé en Sahara et la bande tropicale humide s'est "sahélisée". Les pluies se sont raréfiées et lorsqu'elles tombent, elles ruinent les sols dénudés et exportent la terre arable par cours d'eau interposés vers les différents golfes. Le vent vient compléter le désastre, emportant le limon fin par les airs. Aux troupeaux en surnombre reconstitués sur un milieu défaillant, s'ajoutent les prélèvements humains de combustibles sur un milieu naturel devenu exsangue, sans oublier les feux de brousse ralentissant ou empêchant toute régénération de la végétation. Nous assistons objectivement à l'agonie d'un biotope naguère stabilisé, entraînant des effets collatéraux prévisibles et imprévisibles.

Cette tragédie écologique et humaine provoque des migrations de populations vers des agglomérations auxquelles on donne abusivement le nom de villes. Des naufragés s'accumulent dans un désordre inextricable et tentent par tous les moyens de ne pas mourir de faim. Cette situation engendre évidemment toutes les misères identifiées et non identifiées : drogue, prostitution, violence, criminalité, délinquance, dans une atmosphère de poussière, où les poumons sont chaque jour investis par les gaz de véhicules à carburation défectueuse, pour la plupart relégués par les contrôles techniques des pays riches.

Dans cet étrange bourbier, même la nourriture ne cesse de "se moderniser". La nourriture traditionnelle souvent bien équilibrée cède peu à peu la place à des menus constitués d'une céréale appauvrie venue d'on ne sait où. On a recours pour lui donner un peu de goût à des flacons excrétant des sauces de couleur fluo à la composition douteuse. A cela s'ajoute pour les catégories les moins démunies tout un monde d'ouvre-boîtes et de décapsuleurs libérant des boissons gazeuses diabétisantes de leur excès de sucre, à la satisfaction des firmes qui les propagent efficacement jusqu'en des lieux reculés. Des pathologies se multiplient sur un terrain physiologique de plus en plus déficient. Ainsi, la ville censée représenter un recours devient un traquenard.

La morale de cette petite histoire ambiguë est que les paysans paient, partout dans le monde, un prix exorbitant au monde contemporain, sans que leur condition en soit améliorée, bien au contraire. Une planification tenant compte de la problématique paysanne et de la nécessité de stabiliser les cultivateurs sur leurs terres aurait évité ce désastre. L'opinion s'émeut un peu, des associations et des ONG interviennent pour tenter de corriger les manques et, faute de construire le monde avec générosité et humanisme, l'humanitaire prend les allures d'un palliatif aux défaillances inacceptables.

POUR UN URGENT SURSAUT, NÉCESSAIRE À LA SURVIE ALIMENTAIRE DE L'HUMANITÉ

Avec ces quelques observations, j'espère néanmoins, en plus de l'affirmation de mon point de vue, avoir contribué à rendre un peu plus intelligible une problématique qui ne semble pas bénéficier de l'attention qu'elle mérite.

Nous ne pouvons, en conscience, avoir de complaisance à l'égard d'une activité qui ne concerne rien moins que notre survie alimentaire et qui, sous le beau prétexte de répondre efficacement aux besoins de l'humanité, est en train de contribuer à l'affamer en détruisant son patrimoine vital. Car la terre, l'eau, les espèces et les variétés animales et végétales ne sont pas des gisements de ressources mais des biens communs garants de la vie et de la survie de tous. Ils nécessitent d'urgence d'être affranchis de la spéculation financière qui les dissipe en les livrant à des gagneurs d'argent.

SORTIR DE L'IMPASSE DU SYSTÈME ÉCONOMIQUE ACTUEL

On ne peut évidemment se cantonner au constat de la problématique agricole pour comprendre l'impasse dans laquelle nous nous trouvons. Si l'agriculture moderne est si destructrice et si ignorante des lois du vivant, c'est qu'elle s'inscrit dans un mouvement général de la société qu'il me paraît tout aussi crucial de comprendre et de repenser. L'être humain a instauré le principe de la fragmentation et de la dualité physique, psychique, idéologique, métaphysique… comme base du "vivre ensemble" avec les dissensions et les violences qui en découlent directement et indirectement. Le mode pyramidal, inspiré du travail à la chaîne a segmenté les tâches et les visions du monde. Or, la vie est indivisible de nature.

DE L'URGENCE DE CHANGER POUR NE PAS DISPARAÎTRE

De notre planète oasis, l'humain a fait un gisement de ressources à piller sans aucune modération. Nul besoin d'énumérer les conséquences de l'irrationalité humaine. La somme de ces inconséquences se traduit aujourd'hui de la façon la plus vigoureuse par une sorte d'ultimatum qui nous fait obligation de changer pour ne pas disparaître.

Contrairement à toutes les espèces, nous programmons nous-mêmes notre propre disparition par manque d'intelligence et de compréhension de la vie. Certains scientifiques attentifs à l'intuition des peuples premiers reconnaissent à chaque manifestation de la vie une dimension "spirituelle". Ces peuples ne pouvaient concevoir la vie sans l'intelligence universelle qui l'aurait suscitée. Un simple jardinier affranchi de toute superstition peut, s'il est attentif, constater la force créatrice qui programme la graine la plus infime. Comment appréhender dans cette sorte d'ovule insignifiant la puissance d'un processus capable de générer des tonnes de fruits contenant des milliers de graines, dès qu'il est confié à la terre ? Il n'est pas irréaliste de dire qu'avec un grain de blé, on peut nourrir l'humanité. Nous sommes pourtant loin de le faire. Les mécanismes de la germination et de la croissance nous sont intelligibles mais l'intelligence à l'origine de cette impulsion se ferme sur un mystère auquel nous n'avons pas accès par la simple raison. Cette observation de l'insignifiance permet de mesurer l'ampleur et la complexité d'un phénomène dont nous pouvons comprendre une certaine logique mais dont nous ne pouvons révéler ni la cause ni la finalité. Dans la gestion des végétaux et des animaux, tout semble en effet déterminé par une "organisation" si bien élaborée qu'elle ne peut être l'effet du hasard.

LE PRIX DU "MIRACLE" INDUSTRIEL : LE SÉISME SANS PRÉCÉDENT DE LA MATIÈRE MINÉRALE (CHARBON ET ACIER)

Nous n'avons pas à ce jour su tirer parti de cette sagesse pour organiser notre société. Nous avons au contraire créé une logique propre, hors de toute cohérence du vivant. Parmi les mythes fondateurs de la modernité les plus enkystés dans l'opinion, la conscience collective et toute la structure de la société contemporaine, on trouve tout particulièrement le concept de développement. Ce dernier révèle de plus en plus ses effets catastrophiques et sa totale inadéquation avec une évolution positive de l'histoire. La notion même de développement est la fille aînée d'un monde industriel, technico-scientifique, productiviste et marchand, qui repose sur une donne totalement inédite dans l'histoire de l'humanité. Pour exhumer de la matière minérale, combustible et non combustible, comme le charbon et l'acier, grâce à la maîtrise de certains principes physiques, en particulier la thermodynamique, une industrie lourde s'est développée pour produire des machines et autres innovations technologiques. L'irruption de ces principes s'est faite si brutalement qu'elle peut être comparée à un séisme historique. Il y a seulement deux cents ans, Bonaparte, tout-puissant qu'il était, n'a pu bénéficier que très partiellement de tous ces progrès. Il menait ses campagnes militaires sur le dos de son cheval, tout comme les potentats qui l'ont précédé depuis des siècles et des millénaires, comme Alexandre le Grand, Jules César ou Gengis Khan. Lors de cette énorme mutation, le cheval-animal a très rapidement cédé la place au cheval-vapeur.

L'enthousiasme suscité par tant de prodiges a instauré un ordre nouveau, une sorte de miracle industriel. La foi en la raison comme principe libérateur venait de naître. Ce qui a été plus ou moins occulté, c'est que ce miracle a bénéficié de la réunion fortuite de plusieurs conjonctions positives :

– le génie inventif de l'Occident en matière de physique, de mécanique, de chimie, d'électromagnétique… inaugure l'ère de la combustion qui bouleversera toute l'organisation du monde antérieur ;

– l'épargne paysanne (bas de laine, etc.) pour la constitution du capital de base ;

– la force de travail des paysans les plus pauvres consignés aux travaux les plus pénibles d'extraction des minerais pour les hauts fourneaux. Avant que le taylorisme ne tire parti de son manque de qualification par le travail à la chaîne, cette main-d'œuvre nationale sera rapidement renforcée par de grandes immigrations européennes et extra-européennes ;

– les matières premières, l'énergie combustible et la force de travail issues des gigantesques territoires colonisés sur la quasi-totalité de la planète. On sait déjà que la découverte de l'Amérique a permis le transfert de colossales richesses, ce qui ne sera que le début de ce qu'il faut bien appeler un pillage civilisé.

Dans cette conjoncture, l'Europe, seule au monde à avoir réalisé cette énorme mutation, s'est alors délestée de ses excédents de population par de grandes migrations anglo-saxonnes, latines et autres.

Vu sous cet angle, le miracle industriel repose sur une forme concentrationnaire de moyens. Il s'est néanmoins érigé comme un modèle prometteur de progrès, généralisable à l'ensemble d'une humanité qui y trouverait son salut et serait enfin affranchie des limites que lui imposait la nature.

Il n'est pourtant pas difficile de comprendre qu'un modèle de civilisation qui bénéficie d'autant de facteurs favorables ne peut être qu'un phénomène paradoxal impossible à généraliser sans dépôt de bilan planétaire. Ce n'est que parce qu'un nombre limité de nos semblables ont pu l'appliquer que l'humanité survit encore.

AU SEIN DE LA CIVILISATION DE LA COMBUSTION, L'ÉDUCATION MÊME SE MET AU SERVICE DE L'ÉLÉVATION DU PIB ET DU PNB

La civilisation industrielle se fonde donc sur la consommation énergétique donnant la civilisation de la combustion. L'énergie combustible devient ainsi la référence majeure et le facteur le plus déterminant de la prospérité. Le machinisme qu'elle induit donne naissance au principe de productivité. Les nations industrielles s'organisent alors autour de l'idéologie de la croissance indéfinie. Chaque citoyen est éduqué depuis l'enfance à acquérir les connaissances pour servir le nouveau dogme, à besogner et à consommer pour élever le PIB et le PNB de son pays. PIB et PNB deviennent les références qui permettent de mesurer les résultats monétaires obtenus. La notion de progrès traduit alors et surtout des acquis matériels monnayables et, au lieu d'équité et de bien-être, génère des disparités planétaires colossales. Un cinquième du genre humain concerné par ce progrès consomme les quatre cinquièmes des richesses planétaires et le cinquième restant est inégalement réparti. Pour être plus précis, imaginons cinq personnes réunies autour d'une table pour partager une miche de pain. L'une des cinq personnes s'octroie les quatre cinquièmes de cette manne, laissant un cinquième aux quatre autres. L'une des quatre prend la moitié de cette portion, la seconde le quart, laissant le dernier quart inéquitablement partagé par les deux derniers.

Cette inéquité structurelle fait de la spoliation du plus grand nombre la condition de survie de la minorité. C'est à partir de ces constats qu'apparaît la notion de développement, non dans le sens de réduire les excès des uns pour permettre aux autres d'être pourvus, mais d'inviter impérativement les nations dites “attardées” à hausser leur niveau pour devenir elles aussi prospères et contribuer ainsi au progrès par l'élévation de la production/consommation. Il ne semble pas que l'impossibilité de généraliser le modèle ait été mise en évidence. La planète considérée comme un gisement de ressources absolument inépuisables allait devenir le champ d'une compétitivité exacerbée entre les nations. L'anthropophagie structurelle venait de naître. Le développement des nations pauvres donne alors un prétexte moral et altruiste pour finalement accéder à leurs énormes ressources.

Cette option provoqua une fracture qui ne se réduira jamais entre le Nord technologiquement avancé et le Sud encore subordonné à une organisation séculaire et des traditions immuables. Le Nord, suractivé, efficace, énergivore, invite le Sud à s'engager dans la même voie. Dans un discours du président des Etats-Unis Harry Truman, apparaît, semble-t-il pour la première fois, la notion de sous-développement probablement inspiré par la culture du marché, mettant en route des stratégies destinées à hausser le niveau de prospérité des nations représenté par leur capacité à générer des biens indexés sur l'argent. La référence à l'argent comme mesure presque exclusive de la prospérité lui donne un pouvoir inédit qui bouleversera l'ensemble du système humain. Car il permet à l'avidité et à tous les désirs matériels une extension illimitée. Cette idéologie oblitère du même coup les économies vernaculaires (que le langage abusif des pseudo-économistes appelle "informelles") et les richesses non monétaires des nations, rendues artificiellement pauvres, en dépit de toutes leurs potentialités sociales et vitales et de leur capacité à survivre avec peu ou pas d'argent. En dépit de toutes les imperfections humaines, ces richesses répondent aux nécessités de la vie par des moyens plus directs : production alimentaire, mutualisation des services, réciprocité, entraide, solidarité et assistance entre les générations, prise en charge collective des défaillances de la vie... Tout cela en l'absence de sécurité sociale, de retraites, d'assurances, de subventions... Les pays du Tiers Monde se perçoivent désormais comme pauvres, alors que leurs territoires recèlent d'immenses richesses dont on organise le transfert vers les pays déjà prospères, pour accroître encore plus leur prospérité.

L'APOTHÉOSE D'UNE LOGIQUE SANS ÂME ET SANS AVENIR : LA LOGIQUE DU TEMPS-ARGENT

Avec l'idéologie du temps-argent et de la croissance économique sans limite, s'installent les arbitraires les plus dramatiques de notre histoire. Démantèlement des systèmes vernaculaires, pillage, pollution, épuisement des ressources, pénuries artificielles… Nous assistons aujourd'hui à une sorte d'apothéose d'une logique sans âme et donc sans avenir. Les avis sont partagés sur le bilan que l'on peut faire de cette aventure. Il est indéniable que le progrès essentiellement technique a généré des innovations extraordinaires au bénéfice d'une minorité humaine, mais, faute d'une éthique et d'une intelligence généreuse pour contribuer à l'avènement d'une société planétaire apaisée et conviviale, il a contribué au chaos, donné à nos pulsions destructrices des outils d'une efficacité sans précédent, et mené à la fragmentation d'une réalité de nature unitaire. La mondialisation en tant que système antagoniste, compétitif et meurtrier, est l'ultime avatar d'une histoire qui, à l'évidence, arrive elle-même à sa phase ultime. Pour s'en convaincre, il n'est pas nécessaire de rappeler tous les dysfonctionnements et les nuisances imputables au modèle dominant, y compris biologique, climatique, qui prennent ainsi les allures d'un ultimatum adressé à notre conscience.

DU MYTHE DU DÉVELOPPEMENT AU MYTHE DU DÉVELOPPEMENT "DURABLE"

Le constat de cet échec planétaire a récemment suscité un principe qui serait l'antidote du développement : le développement "durable". Ce nouveau mythe risque de jouer le rôle d'une diversion bien plus que d'une vraie solution. Il prétend concilier l'idéologie du "toujours plus" indéfini comme dogme absolu avec des palliatifs supposés établir une logique pérenne. La politique du "pyromane-pompier" ne risque-t-elle pas d'y trouver un nouvel alibi ? Car quelle multinationale outrancière et totalitaire ne se souhaite-t-elle pas un développement durable ? Tout le monde peut souscrire à cette idée qui risque de prendre les allures d'un os à ronger et jeter à l'opinion, tandis que le pillage de notre planète se poursuivra invariablement.

Car il y a incontestablement danger, si nous n'y prenons garde, à nous installer dans cette politique et à considérer comme une norme un système qui génère violence, injustice et détresses multiformes, en même temps que le secourisme social qui peut l'atténuer et finalement rendre supportable ses exactions grâce à des sacs de riz et des médicaments... Nous avons fini par trouver normal que les orgies, les spoliations et les turpitudes d'une minorité humaine se fassent au détriment du plus grand nombre. Après le fameux clivage Nord/Sud comme alibi facile, c'est aujourd'hui au cœur même des nations les plus prospères que le secourisme des Etats et celui des organisations caritatives se conjuguent, pour masquer une misère universelle en extension continue. Ces pratiques dédouanent les "décideurs" de leurs responsabilités à l'égard des citoyens dont ils ne déterminent rien moins que le destin. C'est parce que nous n'avons pas organisé le monde sous l'inspiration d'un véritable humanisme que nous avons recours à l'humanitaire comme palliatif à cette grande défaillance. Nous sommes individuellement et collectivement responsables de notre destin. Seul en l'occurrence l'humanitaire d'urgence pour soulager les détresses provoquées par les cataclysmes et autres calamités "naturelles" se justifie pleinement et permet à ce qu'il y a de meilleur en l'être humain de se manifester. Bien que nous soyons de plus en plus convaincus que certains cataclysmes soient les conséquences des inconséquences des humains à l'égard de la nature...

VERS UNE RÉORGANISATION NÉCESSAIRE DES RESSOURCES

Nos miracles technologiques ont de quoi nous griser, mais nous éloignent des réalités les plus élémentaires de la vie. Il n'y a rien de plus ignoré des citoyens que la terre à laquelle ils doivent leur survie quotidienne. Les êtres humains ont une aptitude particulière à "produire" de la souffrance et à imaginer les outils les plus pervers pour la servir et l'infliger à leur propre espèce et à toutes les créatures qui, pour leur malheur, partagent notre présence au monde. La prospérité extravagante souvent sans joie d'un petit nombre cohabite avec l'indigence d'un nombre toujours croissant de nos semblables. Nous disposons, paraît-il, d'un arsenal guerrier capable de détruire cinquante planètes alors que le potentiel de destruction d'une ou deux suffirait. Les ressources ainsi épargnées pourraient être affectées à un magnifique chantier de création de bien-être équitablement partagé et à la restauration de notre magnifique planète. Comment ces évidences peuvent-elles échapper à notre entendement ? C'est sans doute que l'intelligence nous manque ou que nous persistons à la confondre avec nos aptitudes techniques, scientifiques et intellectuelles. Echec patent, car la somme de nos aptitudes n'a pas réalisé un monde intelligent. L'intelligence semble être d'une essence particulière ; elle est à l'évidence omniprésente dans l'univers auquel elle a donné cohérence et cohésion mais le sens reste caché pour les uns, révélé pour les autres… Il semble que cette intelligence universelle soit de moins en moins présente dans le microcosme exigu où nous avons confiné notre présence au monde. Cela est marqué par une distance, voire une divergence par rapport aux fondements de la vie, une pensée de plus en plus restreinte au sein d'un réel si vaste, qui offre à nos entendement, conscience et libre arbitre tous les possibles d'une créativité inspirée, pour donner au monde un ordre digne de l'intelligence. Avec ou sans nous, la planète Terre accomplira sans doute son "programme" jusqu'à sa lointaine extinction. D'aucuns pensent qu'elle est une entité consciente. Cette hypothèse paraît extravagante mais aussi plausible qu'une autre. Au fond, notre conscience individuelle et collective ne serait-elle pas l'émanation d'une terre consciente ? Même si ce paradis n'est pas que de félicité et qu'il comporte également des nuisances, des facteurs difficiles, virus, microbes…, lorsque la mort y est présente de mille façons, elle semble toujours néanmoins exalter la puissance de la vie. Cet organisme qui nous a suscités et nous héberge recèle des biens pour nourrir le corps, l'esprit et le cœur.

LA DÉLÉGATION DES PLEINS POUVOIRS : UNE DANGEREUSE SOMNOLENCE

Après avoir été courtisé, séduit et rassuré par leurs propos, le peuple délègue à ses hommes politiques les pleins pouvoirs et semble entrer aussitôt dans une somnolence. Cet assoupissement est troublé de temps en temps, il est vrai, par des protestations plus ou moins véhémentes dont la rue devient le théâtre. Pour prendre à titre d'exemple une problématique qui secoue l'opinion et, je l'avoue, heurte profondément mes engagements actifs et mes convictions, il semble que 80 % des consommateurs européens ne veuillent pas des organismes génétiquement modifiés et brevetés (OGMB). Principe de précaution ? Refus définitif ? Quoi qu'il en soit, pourquoi cette large réprobation n'est-elle pas respectée et validée par les Etats ? Peut-être ceux-ci trouvent-ils leurs administrés immatures, tout justes bons à ingérer les simagrées et les mensonges subliminaux de la publicité. Dans ce cas de figure, l'Etat semble se donner l'image du tuteur éclairé qui imposerait à ses administrés (et pour leur bien !), des innovations bénéfiques dont ils n'auraient pas conscience. Et l'on imagine le "Vous me remercierez plus tard" du papa à ses enfants. Tout cela met tout de même en évidence les limites et les incohérences de notre choix de société. Même le suffrage universel, fondement de la démocratie, permet aujourd'hui de maintenir ou d'installer démocratiquement des pouvoirs ambigus, extrémistes et tyranniques. Etrange retournement des choses…

LES CITOYENS PEUVENT REPRENDRE CONSCIENCE DE LEUR POUVOIR

Le cycle des craintes et des amnésies alternées donne à notre quotidien la cadence d'un carrousel finalement assez désinvolte, sur fond de production industrielle de divertissements en tous genres, cela pour aider à supporter la morosité que les médias distillent avec beaucoup de professionnalisme. Je me demande même si les considérations surabondantes sur les dérèglements climatiques ne font pas partie du menu quotidien du citoyen, et ne banalisent pas ces questions pourtant cruciales. La plupart des citoyens mettent en avant leur incapacité à agir et rejettent toute responsabilité sur les Etats, eux-mêmes empêtrés dans les incohérences et les contradictions d'une société qui, hormis la consommation sans limite ni modération, ne sait ni ce qu'elle veut, ni vers quoi elle veut aller. Si les citoyens n'ont pas conscience de leur pouvoir, c'est que la démocratie est en grand danger puisqu'elle a été fondée justement sur le pouvoir du peuple. C'est du moins ce que j'ai compris.

Je pense au contraire qu'il est temps pour chacun d'entre nous de reprendre le pouvoir sur son existence et d'incarner une politique en actes dans chacune des sphères de son quotidien : achats, déplacements, relations humaines, éducation des enfants, habitat... Car la solution n'est pas de croire que le changement de structures, des dispositions écologiques ou la diffusion de l'agriculture biologique vont sauver l'humanité. Nous pouvons manger bio, recycler notre eau, nous chauffer solaire et... exploiter notre prochain ! Ce n'est pas incompatible ! Seul le changement individuel par l'éveil de la conscience nous sauvera. Il incombe à toute personne convaincue de cette nécessité de prendre librement en compte sa propre transformation.

Je pense ainsi qu'au-delà des catégories, des nationalismes, des idéologies, des clivages politiques et de tout ce qui fragmente notre réalité commune, le temps est venu de faire appel à l'insurrection et à la fédération des consciences pour mutualiser ce que l'humanité a de meilleur et éviter le pire. Cette coalition est à l'évidence indispensable aujourd'hui compte tenu de l'ampleur des menaces qui pèsent sur notre destinée commune ; menaces dues pour l'essentiel à nos grandes transgressions.

La conscience est probablement ce lieu intime où chaque être humain peut en toute liberté prendre la mesure de sa responsabilité à l'égard de la vie. Il peut alors, si telle est sa volonté, définir les engagements actifs que lui inspire une véritable éthique de vie pour lui-même, pour ses semblables, pour la nature et pour les générations à venir.

LA SYMPHONIE DE LA TERRE

S'il est indispensable de comprendre le monde tel que nous l'avons construit politiquement, économiquement, socialement pour prétendre inverser le cours dramatique des choses, il nous faut également revisiter la dimension subjective et poétique qui nous habite. Avant que d'être changé, le monde n'a-t-il pas besoin d'être réenchanté ? N'avons-nous pas besoin de l'aimer et de le contempler pour retrouver l'énergie d'en prendre soin ? C'est cet amour profond de ce que j'appelle la "symphonie de la Terre", qui au-delà des constats alarmants sur les désastres actuels et à venir, me pousse à œuvrer à la mise en place de solutions. Car une écologie qui n'intègre pas cette notion d'harmonie universelle de la nature risque de s'enliser dans le monde des seuls phénomènes élémentaires, domaine de l'observation scientifique spécialisée au détriment du principe fondamental – appelons-le avec prudence "spirituel" – qui représente cette immense intelligence gouvernant la totalité du réel. Lorsque je vibre à la beauté de la création, c'est probablement cette symphonie qui me touche au cœur et à l'âme, symphonie où je suis moi-même un petit instrument révélant par mon enchantement, mon admiration, l'existence d'un ordre suprême que rien ne peut atteindre ni altérer.

Si l'humanité s'obstine à ne pas reconnaître cette dimension fondamentale et à n'être qu'une fausse note au cœur de la partition, elle prend inévitablement le risque d'une exclusion irrévocable. Ce n'est pas l'univers qui va par une sorte de dérogation spéciale s'adapter aux desiderata de l'être humain, c'est à celui-ci de le faire. L'humain proclamant sa souveraineté absolue sur la réalité est un non-sens. De l'espace où il s'est confiné physiquement, mentalement, psychiquement, il pense le monde. Il prend le partiel que représente son microcosme pour le tout. Il s'appuie sur une pensée de nature limitée, pour appréhender l'illimité et ne perçoit pas clairement cette antinomie. Peut-être la complexité de la nature lui fait-elle peur, car elle n'est pas docile à ses caprices. *A contrario*, l'humain a trouvé en la technologie une activité où sa démiurgie peut s'exercer pleinement et donner une impression de puissance. C'est probablement ce qui la rend si grisante, attractive et digne des meilleures attentions. De son côté, la nature est rebelle et croire qu'elle est dominable ou dominée est tout simplement infantile.

Ainsi, l'écologie comme principe n'est pas réductible à un simple paramètre qui compose la réalité, elle est la réalité fondamentale sans laquelle rien d'autre ne peut être. L'écologie doit devenir un état de conscience et non une discipline nécessitant des décisions, des aménagements, des lois restrictives ou répressives… Certes, il faut dans l'urgence où nous sommes prendre des décisions et des résolutions pour limiter les dégâts. Mais nous ne ferons que limiter les dégâts si nous ne prenons pas en compte la mesure de l'enjeu, qui ne concerne rien moins que la survie ou l'extinction du phénomène humain. Ne pas être conscient de cette évidence est extrêmement dangereux. Prendre conscience de l'inconscience sera désormais le pas le plus décisif si nous voulons un avenir pour nous-mêmes, les générations à venir et pour les innombrables créatures victimes de notre cohabitation envahissante, outrancière et violente. Un humanisme universel n'est guère envisageable sans une réforme profonde de notre mode de pensée et de comportement.

LES MAMMIFÈRES QUE NOUS SOMMES ET LE CHAMP DE L'ÉCOLOGIE

L'écologie perçue et vécue au-delà des apparences élémentaires nécessite une lecture bien plus profonde. L'accès à cette perception nécessite en tout premier lieu d'être affranchi de l'idée que les mammifères que nous sommes existeraient en marge de la nature. L'écologie met en évidence la cohésion, l'interaction, l'interdépendance et la cohérence du vivant sous toutes ses formes et dans son intégralité. Le champ de l'écologie n'est pas réductible à la seule planète Terre, il est à l'échelle du cosmos, voire de l'univers. L'interactivité inclut les influences solaires, lunaires, planétaires…, en une sorte de "bain énergétique et vibratoire" infini. Dans ce bain, la planète Terre est immergée, à la fois réceptrice et émettrice. Tout est dans tout et rien n'est séparé de rien. La science moderne la plus affinée explorant le subtil et vaste champ de la matière et de l'énergie rejoint certaines grandes traditions et l'intuition de la quasi-totalité des peuples initiaux pour qui la diversité, la cohésion et la cohérence de tous les éléments qui composent la vie sont une évidence. La sphère terrestre examinée de l'espace est perçue comme une sorte d'organisme à part entière constitué d'un pôle à l'autre d'éléments indissociables. Le principe de fragmentation ne semble donc pas être constitutif du réel. Considéré avec la plus grande objectivité, même le scénario darwinien de la lutte des espèces ne semble pas mettre en cause la cohésion du système vivant. L'antagonisme apparent que l'on peut observer chez les animaux se dévorant entre eux n'est pas pour diviser, mais pour sauvegarder l'unité, la continuité et la pérennité d'un principe global. La vie veut vivre à tout prix et "imagine" des stratagèmes parfois éblouissants d'intelligence pour maintenir cette exigence. Notre propre corps est à lui seul une sorte d'univers qui témoigne, si nous y sommes attentifs, de cet ordre des choses. Il ne s'agit pas d'une "mécanique biologique" mais d'une subtile constitution d'organes animés par une énergie unifiante harmonisante. Nous découvrons que tous les organes sont représentés dans l'œil, le pied, la main, l'oreille... Il s'agit d'une arborescence sensible, interconnectée et indivisible. Certaines pathologies seraient dues au dysfonctionnement de l'énergie harmonisante. Même au niveau psychique, restaurer et entretenir l'unité en soi est facteur de bien-être.

UN ÉMERVEILLEMENT PERSONNEL PERMANENT DE L'ENFANCE À AUJOURD'HUI

Au cœur des Cévennes où j'écris, chaque jour mon émerveillement et ma gratitude envers la nature se renouvellent. Lorsque le jour qui s'ouvre est prometteur d'un temps chaud et que le soleil aiguise ses dards, tout est sous l'empire de l'immobilité. Les arbres, les montagnes bleues, les rochers, le paysage, le ciel, le verger-potager qui s'étend sous ma terrasse, tout est pétrifié par un songe profond. Je me réjouis profondément de pouvoir écouter les appels des rapaces et des oiseaux de nuit, parfois étranges et proches de la voix humaine. Je suis honoré de les avoir pour voisins, heureux de partager notre biotope sauvage avec eux et avec les autres créatures silencieuses qui peuplent avec discrétion les bois de chênes environnant la maison. A l'heure précoce de l'aube, où la lumière précède à l'horizon l'étoile qui la génère, lorsque le disque lunaire est dans sa phase de plénitude, il est un moment où il paraît comme attardé, restant encore suspendu dans le bleu du ciel. La présence simultanée de l'astre incandescent émergeant des limbes de la nuit, de la planète éteinte et de la planète vivante qui nous héberge, est un moment privilégié et plein d'enseignement. Il met en évidence la configuration cosmique dans laquelle s'inscrit d'une manière plus tangible notre propre réalité. Cela provoque comme un élargissement de l'esprit, en même temps qu'une joie profonde et silencieuse.

Naguère, le petit enfant du désert que je fus, au terme d'une journée de fournaise, étendait son dos sur la terrasse à ciel ouvert, et le corps ainsi abandonné, il pouvait contempler une voûte céleste ensemencée de pépites d'or avec une lune joviale, modeste mais souveraine, qui veillait sur le sommeil de tous les enfants qui lui faisaient confiance. Plongé dans un songe tranquille, l'enfant dans son innocence rejoignait sans le savoir tous les scrutateurs des cieux, poètes mystiques, ou simples d'esprit, ceux qui, astronomes après avoir longtemps observé, ont pu établir les configurations et les cadences astronomiques, inventé le temps avec leurs calendriers mais aussi astrologues pour lesquels le destin de l'humanité était déterminé par les astres et les désastres. Nourri d'une mythologie élémentaire, l'enfant silencieux croyait fort aux divinités tutélaires face aux anges malfaisants. Ces deux entités se livraient à des batailles titanesques, usaient des étoiles filantes comme de projectiles dont ils pourfendaient le firmament comme avec des javelots de feu. Dans cette geste des principautés célestes et invisibles, les êtres humains, enjeux de ces combats incessants, n'avaient que la prière et les incantations adressées à la toute-puissance divine pour exorciser une issue qui leur serait fatale. Observé depuis une terre longtemps considérée comme plate, le ciel fut le vaste champ où la mythologie, la science, la poétique, la mystique étaient comme indissociables. Ainsi tous les êtres illustres qui ont bouleversé l'histoire de l'humanité (comme Bouddha, Jésus, Mohammed...) et les innombrables anonymes constituant le fleuve humain ont-ils depuis les origines contemplé les mêmes cieux que nous-mêmes. La durée de chacun de nous prend alors un caractère bien éphémère.

LA NATURE SOUS L'ANGLE DU RÉALISME DES SAVANTS

Hélas, la lune chérie par l'enfant n'est que poussière et roches, lui ont cruellement appris les savants... Le réalisme a fait irruption dans le monde, pour nous arracher aux millénaires enchantements et le ciel s'est soudain dépeuplé. La connaissance objective nous a libérés de l'obscurantisme et d'un imaginaire débridé incompatible avec la déesse Raison juchée sur son trône d'acier. La science se donna comme mission de traquer et pourfendre toutes les superstitions en une Saint-Barthélemy de la rationalité. Les astrophysiciens nous enseignent depuis un univers dont les limites outrepassent notre capacité à les imaginer. Et dans cette infinitude, les corps célestes les plus considérables restent dérisoires. Tout s'abîme dans un gouffre insondable qui n'a ni haut ni bas, ni points cardinaux ni configuration intelligible. Nous apprenons que tout cela fait suite à une déflagration initiale, suivie d'un long temps où tout n'était que chaos, avant de devenir un ordre fonctionnant avec la même rigueur qu'une horloge, une "mécanique céleste". Il nous faudra pourtant réhabiliter l'enchantement perdu si nous voulons échapper à l'incarcération de l'esprit et de l'imaginaire. Car les galaxies peuplées d'astres en nombre infini sont en réalité une chorégraphie. Tout n'est que chorégraphie dans l'univers mais nous ignorons le maître chorégraphe. Il se tient obstinément dans les coulisses et n'apparaît jamais sur la scène du théâtre qu'il a édifiée. Notre système solaire est d'infime proportion dans le fleuve lacté. Le temps et l'espace n'ont cure de nos siècles et millénaires, tout se mesure en années-lumière…

Face à l'insignifiance que prend notre destin dans ce vertige insensé, comment n'être pas reconnaissant aux consciences inspirées et lucides de certains de ces savants ? Affranchis de toute prétention à élucider le grand mystère, ils nous ont fait part de leurs propres ignorance et incertitudes, tout en confirmant avec une conviction profonde l'unité du réel, déjà pressentie par des peuples nombreux, et nous ont réintégré dans cette unité. Nous serions, selon le langage de la science poétique, des poussières d'étoiles, des œuvres vivantes réalisées avec des matériaux originels... Nous ne serions pas étrangers dans le vaste pays appelé univers, mais peut-être les semences de conscience dont il a besoin pour être conscient de lui-même (si cette hypothèse invérifiable est juste, gardons-nous toutefois, comme nous sommes trop souvent prompts à le faire, d'en tirer une quelconque suffisance absurde).

Avoir conscience, ne serait-ce pas avant tout aimer, prendre soin, s'émerveiller ? Et être dans l'inconscience, détruire et profaner tout ce qui est à portée de main et à distance de nos cœurs ?

RÉFLEXION À L'ÉCHELLE DES INFINITUDES

Cette petite méditation débouche sur une question incontournable. Si le système solaire tout entier n'est lui-même qu'une très modeste portion d'une galaxie parmi les innombrables galaxies, qu'en est-il de notre planète ? Une chose infinitésimale, un granule homéopathique dans un gigantesque entrepôt de ballons de football ? Bien moins que cela, encore. Et nous voici, après le vertige de l'infiniment grand, précipités dans celui de l'infiniment petit, et ce jusqu'à l'atome lui-même divisible... Dans tous les cas, après avoir observé la lune, les pieds ancrés dans la terre, l'être humain d'aujourd'hui a pu, grâce à ses aptitudes, et pour la première fois de son histoire, observer la terre à partir de la lune. Mais cette inversion extraordinaire qui a élargi le champ de la connaissance a-t-elle eu un effet réel et profond sur le champ de la conscience ? Nous pouvons avoir des doutes. On peut imaginer le regard des cosmonautes dirigé vers la sphère mère, suspendue dans le firmament comme un véritable joyau avec ses reflets, ses couleurs évanescentes à dominante bleue. On peut imaginer, mêlée à la satisfaction d'avoir accompli une prouesse jusque-là inimaginable, une probable angoisse insidieuse dans le cœur de ces terriens. Car du point de vue où ils la considèrent, la planète Terre apparaît avec une évidence grave et lumineuse comme la seule petite oasis de vie que nous connaissions dans un incommensurable désert astral et sidéral. Ce désert froid, indifférent, s'affirme et se confirme dans la démesure du temps et de l'espace. Que signifie alors l'être humain glorifié par cette prouesse qui lui a coûté tant de savoir, d'habileté et de moyens matériels ? Performance dont il tire une légitime fierté les pieds sur terre mais qui devient très relative dès qu'elle est replacée à l'échelle des infinitudes. Nos délégués envoyés dans l'espace éprouvèrent peut-être le caractère quasi absurde de ce sentiment. Ils avaient en quelque sorte réussi à atteindre la proche banlieue inanimée inhabitable de notre sphère vivante, réduite elle-même à une frêle embarcation soumise à des mutineries permanentes d'une poignée d'êtres humains naviguant sans boussole. De ces humains, l'univers ne semble avoir cure.

Peut-être cherchons-nous à exorciser ce sentiment d'abandon et d'impuissance face à une destinée implacable, marquée du sceau de la finitude ;

finitude que ni la force brutale des armes, ni les milliards de dollars ou le prestige ne peuvent soudoyer. Ici pas de prérogatives ni de passe-droit, il n'est que l'implacable destin, auquel survivront une mémoire incertaine et quelques monuments et vestiges que l'incommensurable silence enfouira sous les millénaires. Tout n'est que précarité. Empereurs, rois, potentats de toutes espèces, pauvres ou milliardaires, grands ou petits hommes, tous s'abîment dans le gouffre insondable de l'oubli. Rien n'a d'importance que celle que nous essayons de nous donner à nous-mêmes. J'ai entendu dire que des cosmonautes russes et américains, réunis pour je ne sais quelle circonstance, éclairés par leur exceptionnelle expérience, s'affligeaient de l'inanité des querelles idéologiques, politiques, religieuses de l'espèce humaine dans le contexte d'une réalité qui devrait inspirer la solidarité la plus profonde et déterminée. Grand bien nous ferait de suivre leur exemple, les deux pieds sur terre.

LES SOLUTIONS PROPOSÉES PAR L'AGROÉCOLOGIE

DU DROIT ET DU DEVOIR DES PEUPLES À SE NOURRIR PAR EUX-MÊMES : L'AGRICULTURE, LA PLUS ESSENTIELLE ET VITALE DE TOUTES LES ACTIVITÉS HUMAINES

Après la millénaire civilisation agraire qui maintenait les humains proches de leur source de vie, la civilisation vouée au principe minéral (la matière morte !) les en a éloignés. La terre nourricière est aujourd'hui l'élément le plus méprisé et ignoré de la grande majorité de la communauté scientifique, des intellectuels, des politiques, des artistes, des religieux et du peuple en général. Pourtant, la terre nourricière est le principe premier sans lequel rien d'autre ne peut advenir. Il devrait par conséquent faire légitimement l'objet de la vigilance et de la protection de tous. Etrange et dangereuse ignorance au sein d'une société surinformée sur tout, sauf sur l'essentiel. Une grève internationale des travailleurs de la terre permettrait à chacun de faire la distinction entre l'indispensable, le nécessaire et le superflu. Ainsi la terre, organisme vivant, à laquelle nous devons la vie et la survie est-elle livrée comme une courtisane aux gagneurs d'argent et à l'inconséquence de l'industrie qui détériore son intégrité en la réduisant à un substrat destiné à recevoir des produits chimiques et des pesticides de synthèse dont les conséquences négatives sur la santé publique ne sont plus à démontrer. Une agriculture qui ne peut produire sans détruire porte en elle les germes de sa propre destruction.

LA SONNETTE D'ALARME A DÉJÀ ÉTÉ TIRÉE DEPUIS LONGTEMPS : OSBORN (SALUÉ PAR EINSTEIN OU HUXLEY) EN 1949, RACHEL CARSON POUR LES PESTICIDES NOTAMMENT, ET *NATURE ET PROGRÈS* DANS LES ANNÉES 1960

Des réflexions, des recherches et des expérimentations passionnantes se sont multipliées autour de la citadelle inviolable de l'agrochimie défendue par un académisme immuable corseté de ses certitudes techniques et scientifiques au nom de la seule rentabilité économique.

Durant cette période, d'authentiques scientifiques tiraient déjà la sonnette d'alarme pour signaler à la communauté humaine les dangereuses transgressions dont elle était coupable à son propre détriment. Pour n'en citer que deux, je pense tout d'abord au remarquable ouvrage de Fairfield Osborn intitulé *La Planète au pillage* paru en 1949 et salué par des autorités telles que Albert Einstein ou Aldous Huxley. Osborn, écologiste précurseur, mettait en évidence l'inadéquation entre le comportement humain et la réalité naturelle résumée dans une phrase introductive : "L'humanité risque de consommer sa ruine par sa lutte incessante et universelle contre la nature plus que par n'importe quelle guerre."

Concernant spécifiquement l'agriculture, il faut également signaler l'ouvrage de Rachel Carson, *Le Printemps silencieux*, paru au début des années 1960, qui communiquait les résultats d'une enquête menée par une commission scientifique américaine pour évaluer les effets et les conséquences de pesticides. Les conclusions étaient déjà plus qu'alarmantes : les pesticides y étaient présentés comme une catastrophe pour l'environnement naturel, les sols, les eaux, la faune et la santé publique. Nos printemps seront de plus en plus silencieux, prophétisait Rachel Carson, les oiseaux qui les enchantent étant détruits par de foudroyants poisons. L'ouvrage fit en son temps l'effet d'une bombe, vite étouffée par la cécité et la surdité, deux mamelles de l'idéologie du "toujours plus".

Des revues comme *Nature et progrès* paraissaient dans les années 1960 pour nourrir d'informations, de pédagogie et de témoignages un réseau de producteurs et de consommateurs unis dans les mêmes aspirations. Le réseau demeurait malgré tout assez marginal, presque confidentiel. Il constituait néanmoins l'embryon d'un courant minoritaire mais déterminé qui, bien que dédaigné et ignoré par les Etats et souvent combattu par les tenants de l'idéologie agronomique dominante, finit par devenir une sorte d'injonction permanente adressée au pouvoir de décision et à l'opinion publique. Il fut dans le même temps accusé d'être un danger pour une agriculture dont les performances n'avaient d'égale que sa mission salvatrice : éradiquer les pénuries et les famines de la surface de la planète. Comme pour l'idéologie du progrès ou du bien-être équitablement partagé, les convictions sincères et les intentions généreuses des êtres humains qui mirent en place ces systèmes ne sont pas à mettre en doute. Malheureusement, elles concernent des options dont on ne put reconnaître les fondements erronés ou le caractère mythologique qu'*a posteriori*. C'est là un des grands aléas de notre destin. L'erreur et l'illusion sont humaines, quelle que soit l'ampleur de nos connaissances… Et non seulement la faim dans le monde n'a pas été supprimée mais elle a été aggravée par des circonstances écologiques et des mécanismes économiques que nous avons déjà exposés.

D'AUTRES APPROCHES EXISTENT DÉJÀ, LES ÉCOLES DU NOUVEAU COURANT ÉCOLOGIQUE : STEINER, PFEIFFER, INDOR, HOWARD, BOUCHER, BERNARD, DELBET…

En dépit de certaines divergences des points de vue, tous ces insurgés se retrouvaient unanimes sur le principe d'une agronomie et d'une agriculture inspirées par l'observation attentive des phénomènes naturels et universels. Sur la base de cette observation naîtront des théories et des méthodologies diverses. Des écoles se constitueront, établissant leur doctrine à partir de leurs propres références, avec leurs applications particulières. C'est ainsi que sont apparues des approches, pour les citer très brièvement, telles que la biodynamie de l'Autrichien Rudolph Steiner exposée dans *Le Cours aux agriculteurs* en 1924, suivi plus tard par *La Fécondité de la Terre* du docteur Ehrenfried Pfeiffer, la méthode Indor ou *Le Testament agricole* du Britannique Howard, la méthode Lemaire-Boucher en France inspirée par les travaux de Claude Bernard et du professeur Delbet sur le magnésium, ou celle de Rusch et Muller en Suisse exposée dans l'ouvrage *Fécondité du sol*, celle du Japonais Masanobu Fukuoka avec le livre *La Révolution d'un seul brin de paille*, la thèse de mon ami Claude Aubert *L'Agriculture biologique*, les travaux d'André Birre…

CES CONSIDÉRATIONS DOIVENT LOGIQUEMENT INSPIRER DES SOLUTIONS POUR ÉVITER LE PIRE

Ces ouvrages et ma propre expérience mettent en lumière qu'il ne peut y avoir d'avenir alimentaire fiable sans une politique fondée sur la répartition de la production sur l'ensemble des territoires. Cela me semble possible par l'application de ce que j'appelle l'“agroécologie” qui permettrait l'omniprésence d'une nourriture saine et abondante et son accès direct par tous les citoyens dans la plus grande proximité sans les transferts et transports incessants. Cette disposition devrait faire partie des grandes options nationales et internationales. Produire et consommer localement, tout en échangeant la rareté, devrait être un mot d'ordre universel : pour cela, une politique foncière considérant la terre nourricière, l'eau, les semences, les savoirs, les savoir-faire comme bien commun inaliénable doit être établie. L'aménagement du territoire devra se fonder sur la préservation prioritaire des biens vitaux.

CULTIVER SON JARDIN QUAND CELA EST POSSIBLE DEVIENT AU-DELÀ D'UNE ACTIVITÉ ALIMENTAIRE UN ACTE POLITIQUE

C'est une légitime résistance à une logique de monopole fondée sur des critères strictement lucratifs et aléatoires que de cultiver un jardin potager. Un nouvel inventaire des ressources est à faire. Et toutes les actions de sauvegarde, de réhabilitation et de propagation des ressources absolument vitales devraient être soutenues et considérées comme actes civiques. Car au-delà des considérations marchandes, ils ont pour souci la survie du genre humain, avec les moyens qu'il a édifiés depuis les origines. Les ressources font partie du patrimoine de l'humanité d'hier, d'aujourd'hui et de demain, et ne peuvent être ruinées, confisquées ou occultées sans préjudice matériel et moral infligé à toute l'humanité. Tels sont en tout cas les mobiles de mon engagement et de mon insurrection de conscience pacifique et déterminée.

L'AGROÉCOLOGIE : LE MEILLEUR CHOIX AU SERVICE D'UN PROJET HUMAIN

L'agroécologie est une technique inspirée des lois de la nature. Elle considère que la pratique agricole ne doit pas se cantonner à une technique mais envisager l'ensemble du milieu dans lequel elle s'inscrit avec une véritable écologie. Elle intègre ainsi la dimension de la gestion de l'eau, du reboisement, de la lutte contre l'érosion, de la biodiversité, du réchauffement climatique, du système économique et social, de la relation de l'humain avec son environnement... Elle est basée sur la recréation de l'humus comme force régénératrice des sols et sur la relocalisation de la production-transformation-distribution-consommation comme élément moteur d'un nouveau paradigme social*.

Faire de l'agroécologie et de la culture biologique un mot d'ordre planétaire ne serait pas un retour en arrière comme certains le disent. Cela vise à répondre aux nécessités de la survie tout en respectant la vie sous toutes ses formes. Il s'agit simplement de mettre les acquis de la modernité au service d'un projet humain : recréer des structures à taille humaine, revaloriser la microéconomie et l'artisanat, reconsidérer l'organisation du territoire, éduquer les enfants aux valeurs de la coopération et de la complémentarité, éveiller leur sensibilité à la beauté et au respect de la vie... Cela implique un processus qui n'est ni déraisonnable, ni injustifié. On ne pourra faire disparaître la dictature économique qu'en s'organisant peu à peu pour ne plus en être dépendants. Il ne s'agit pas pour autant d'être autarcique, mais autonome et ouvert à d'autres autonomies. Pour cela, la relocalisation de nos activités est indispensable. Les avantages escomptés seraient nombreux : une sécurité alimentaire basée sur la réciprocité et les échanges de proximité, la réduction de la dépendance par rapport aux monopoles de production, de distribution et de transport, un enracinement individuel dans un

* Voir particulièrement l'expérience agroécologique de Gorom Gorom dans *L'Offrande au crépuscule* aux éditions L'Harmattan.

milieu naturel régénéré et entretenu, un mode de vie basé sur la complémentarité bénéfique à tous et non la compétitivité destructrice, une politique inspirée par les besoins et le vécu des citoyens…

L'INSURRECTION DES CONSCIENCES PAR L'AGROÉCOLOGIE, L'UNE DES BASES DE LA MUTATION SOCIALE ?

L'agroécologie semble être à ce jour la seule alternative réaliste pour le Nord comme le Sud.

En effet, le triomphe de l'agrochimie a longtemps instauré un état de fait, une norme quasi dogmatique qu'il n'était pas possible de mettre en doute sans encourir l'anathème de l'agronomie conventionnelle. Les résultats "miraculeux" obtenus avec les engrais minéraux et les pesticides de synthèse ont occulté trois questions essentielles. Un miracle oui, mais :

– à quel coût énergétique ?
– à quel coût écologique ?
– et à quel coût humain ?

Les réponses honnêtes et lucides à ces questions auraient mis en évidence l'envers moins glorieux du miracle. Elles risquaient en outre de compromettre toute une organisation ramifiée en de nombreux secteurs de profit avec des enjeux économiques déjà colossaux. Le dogme NPK devenait intangible et totalitaire. La remise en question nécessitée par les constats négatifs observés dès la genèse de cette agronomie s'est faite dans une sorte de clandestinité. Des agronomes et des scientifiques peu nombreux alliés à quelques agriculteurs dissidents ont transgressé les règles établies en pensant l'agriculture sur des critères biologiques, écologiques et humains. Tout en intégrant les acquis positifs de la technique et de la science, cette pensée a défini des protocoles d'application avec une évaluation des résultats pondérables en termes d'efficacité. Mais elle a également tenu compte des effets induits sur le patrimoine nourricier avec le souci de son intégrité, de sa vitalité et de sa transmission comme bien commun pour la postérité. Cette démarche s'accompagnait pour les plus exigeants d'une philosophie et d'une éthique implicites et même explicites. Cela a, dans certains cas limités, été la source d'un intégrisme biologique fondé sur des considérations métaphysiques, par opposition à un intégrisme scientiste, crispé sur ses certitudes matérialistes. Sous des formes moins extrêmes, le clivage allait néanmoins longtemps se poursuivre et susciter des controverses permanentes dans une situation nettement défavorable à l'écologie.

LE CONTINENT AFRICAIN EST IMMENSÉMENT RICHE DE TOUTES SES RESSOURCES

Un parfait exemple de l'aberration de notre système et de la puissance que pourrait avoir l'alternative agroécologique est le continent africain. Il connaît certes des conditions climatiques difficiles mais sa situation est surtout aggravée par un modèle planétaire injuste et arrogant, malade de la corruption et de la malhonnêteté. Il est par ailleurs troublant de constater que le continent africain soit considéré par l'opinion comme pauvre, alors qu'il est immensément riche de toutes les ressources, notamment d'une population jeune, ce qui se raréfie sur la planète. Ce continent représente une superficie de presque dix fois l'Inde, avec une population de bientôt un milliard d'individus, ce qui lui donne un ratio très acceptable comparativement à d'autres. En outre, il s'agit d'une population jeune et potentiellement très active avec 60 % de moins de trente ans. Cependant, le continent africain, avec une population enlisée dans un destin aléatoire, où survivre est ce qu'il y a de plus difficile, est représentatif de la condition d'un nombre toujours croissant d'êtres humains sur la planète. A toutes les difficultés dues aux conditions climatiques s'ajoute un modèle planétaire cruel, injuste et arrogant où le cancer de la corruption, de la malhonnêteté et des détournements quasi légalisés fait rage. Ces comportements devenus la norme déshonorent notre espèce par leur laideur et s'opposeront toujours à l'émancipation des peuples. Il ne faut cependant pas oublier qu'au cœur même des pays les plus prospères, se développent des foyers d'une des pires détresses qui soient, l'oblitération sociale, le clonage et la standardisation des esprits.

Pour toutes ces raisons, je suis pour la remise de la dette, mais à la condition qu'elle passe par le procès de la corruption.

L'AGROÉCOLOGIE : UNE ALTERNATIVE PEU COÛTEUSE ET ADAPTÉE AUX POPULATIONS LES PLUS DÉMUNIES POUR REGAGNER AUTONOMIE, SÉCURITÉ ET SALUBRITÉ ALIMENTAIRES

La pratique agroécologique a le pouvoir de refertiliser les sols, de lutter contre la désertification, de préserver la biodiversité, d'optimiser l'usage de l'eau. Elle est une alternative peu coûteuse et adaptée aux populations les plus démunies. Par la revalorisation des ressources naturelles et locales, elle libère le paysan de la dépendance des intrants chimiques et des transports générateurs de tant de pollutions et responsables d'une véritable chorégraphie de l'absurde, où des denrées anonymes parcourent chaque jour des milliers de kilomètres plutôt que d'être produites à l'endroit de leur consommation. Enfin, elle permet de produire une alimentation de qualité, garante de bonne santé pour la terre et pour ses enfants.

Répondre de cette façon aux nécessités de notre survie tout en respectant la vie sous toutes ses formes est à l'évidence le meilleur choix que nous puissions faire si nous ne voulons pas être exposés à des famines sans précédent. C'est ce à quoi répond l'agroécologie telle que nous l'entendons.

S'appuyant sur un ensemble de techniques inspirées de processus naturels comme le compostage, le non-retournement du sol, l'utilisation de purins végétaux, les associations de cultures..., elle permet aux populations de regagner autonomie, sécurité et salubrité alimentaires tout en régénérant et préservant leurs patrimoines nourriciers. Parce qu'elle est fondée sur une bonne compréhension des phénomènes biologiques qui régissent la biosphère en général et les sols en particulier, elle est universellement applicable.

C'est ainsi que l'agroécologie bien comprise peut être à la base d'une mutation sociale. Elle est une éthique de vie qui introduit un rapport différent entre l'être humain, sa terre nourricière et son milieu naturel, et permet de stopper le caractère destructeur et prédateur de cette relation.

Elle représente bien plus qu'une simple alternative agronomique. Elle est liée à une dimension profonde du respect de la vie et replace l'être humain dans sa responsabilité à l'égard du vivant. Bien au-delà des plaisirs superficiels toujours inassouvis, elle lui permet de retrouver la vibration de l'enchantement, le sentiment de ces êtres premiers pour qui la création, les créatures et la terre étaient avant tout sacrées.

Deuxième partie

L'HUMANISME

LA PROBLÉMATIQUE HUMAINE À LA SOURCE DES DÉSORDRES HUMAINS ET ÉCOLOGIQUES

Selon la définition du dictionnaire, l'humanisme est "toute théorie ou doctrine qui prend pour fin la personne humaine et son épanouissement". S'en tenir à cette définition risque de prolonger un malentendu déjà préjudiciable à l'évolution constructive de notre histoire commune et à notre rapport à la nature. L'être humain s'est octroyé le statut de prince pouvant disposer de la vie selon sa convenance et son bon plaisir. Il a tellement abusé de cette souveraineté que toute la biosphère et ses créatures en sont meurtries. Cette transgression se pose en termes moraux. Et même les doctrines religieuses qui ont légitimé cette royauté semblent avoir favorisé l'immense profanation infligée à la Création, proclamée par ailleurs par ces mêmes doctrines comme œuvre divine et donc d'essence hautement sacrée. Un humanisme universel est décidément incompatible avec autant de confusion et d'incohérence. Si les aptitudes et les prouesses de l'*homo economicus* sont considérables, l'intelligence pour les mettre au service de l'humanisation manque. Et c'est dans ce déficit de lucidité que réside le plus grand danger pour l'avenir immédiat. Faut-il alors renoncer définitivement à un projet aussi ambitieux sous prétexte qu'il est rendu impossible par la nature humaine elle-même ? Faut-il se soumettre à la puissance de la fatalité et s'accommoder des maigres possibilités qui s'offrent à nos initiatives pour tenter une humanisation très improbable ? La chose est d'autant plus difficile que tout commence par l'être humain lui-même. Il est son propre obstacle sur le chemin de sa propre libération. Nous sommes si conditionnés à penser selon des critères erronés ! Il nous est difficile de penser la vie hors d'une grille inspirée par la volonté de puissance, comme probable réaction à ce que les spécialistes appellent la peur primale. Sans l'enlisement où nous sommes, peut-être faut-il se contenter de faire tout le possible, laissant au divin, ou à un miraculeux sursaut de conscience, l'impossible…

Il m'a paru indispensable de dissiper quelques quiproquos qui, de mon point de vue, constituent la charpente du modèle dominant l'ensemble de l'ordre planétaire. De nombreux malentendus perdurent et empêchent d'avoir une claire vision des faits d'hier et d'aujourd'hui pour mieux orienter le futur. On s'épuise à aménager des erreurs au lieu de leur apporter des solutions radicales à la mesure du danger qu'elles représentent.

LA PLANÈTE MALADE DU GENRE HUMAIN

L'être humain est apparu tardivement dans la biosphère. D'abord très minoritaire parmi les innombrables créatures qui l'ont depuis très longtemps précédé, physiquement fragile face à toutes les espèces mieux pourvues pour la survie, il aurait pu s'éteindre aussitôt, s'il n'avait été doté d'intelligence, de conscience, d'habileté manuelle et, semble-t-il, d'un pied très particulier auquel il doit la verticalité. Aujourd'hui, les êtres humains seraient en surnombre ; ils ont déployé leur savoir et leur savoir-faire, et dominé toutes les espèces dont ils restreignent, par un envahissement continu, les limites de vie, les éliminant ainsi de mille manières. Ils sont devenus les prédateurs sans prédateur, se sont arrogé une souveraineté moralement illicite sur toute la création. L'espèce humaine est également la seule à s'autoexterminer. Même les grands singes, proches de notre espèce, que nous avons affublés avec notre imaginaire de férocité sanguinaire, sont des végétariens pacifiques qui ne se détruisent pas entre eux et n'ont d'instinct belliqueux que celui de la survie. Dans un ordre fondé sur la sauvegarde à tout prix qui nous paraît cruel, toutes les exactions "naturelles" sont avant tout déterminées par cette nécessité implacable. Mais à la différence de la prédation humaine, le lion dévore des antilopes car sa propre existence en dépend, mais n'a ni banque ni stock d'antilopes pour en faire commerce en dollars et affamer ses congénères. Chaque prélèvement est en quelque sorte fondé sur la vie qui se donne à la vie pour que tout puisse continuer à vivre. Dans cet ordre-ci, la vie et la mort ne sont pas antagonistes mais complices et complémentaires, comme les deux pédales sans lesquelles la bicyclette ne peut avancer. La vie est un mouvement, fait de naissances, d'épanouissements, de reproductions et de déclins pour de nouvelles naissances et nous n'avons d'autre choix que d'admettre cette règle qui nous implique sans que nous en comprenions la finalité. C'est peut-être cette incompréhension que nous tentons de dissiper sans y parvenir, qui serait la cause de l'angoisse qui nous habite. Car en dépit de l'entendement, de la conscience et du libre arbitre dont nous sommes doués, nous sommes bien obligés de constater l'énorme divergence qui ne cesse de croître entre notre histoire et les fondements de la vie, pourtant seuls garants de notre survie. La planète est comme malade du genre humain. On peut longtemps disserter sur ces questions mais une interrogation lancinante demeure : pourquoi avons-nous déclaré la guerre à la vie à laquelle nous devons la vie ?

L'ÊTRE HUMAIN : UNE CATASTROPHE ÉCOLOGIQUE MAJEURE

Si on l'examine objectivement, sans autres considérations que les conséquences pondérables, l'impact de l'être humain sur la sphère vivante peut être assimilé à une catastrophe écologique majeure. Il s'agit en un temps infinitésimal d'un épiphénomène aux effets négatifs considérables. Cet événement déconcerte la raison, car il oblige à penser que la nature aurait pris le risque d'une créature à laquelle elle aurait donné tous les moyens à seule fin qu'elle les retourne contre elle pour lui causer les pires dommages. A moins que la nature ou le divin n'ait été victime d'une grande naïveté ? Peut-être fallait-il plus simplement donner à l'être humain, pour le meilleur et pour le pire, l'espace d'une liberté inaliénable, pour exalter un libre arbitre comme moyen de son accomplissement et de sa participation à l'ordre universel ?

Cela validerait le principe de la fameuse co-création et de l'accomplissement de l'œuvre divine par l'homme prôné par certains dogmes religieux. Quoi qu'il en soit, nous pouvons à l'heure des grands bilans constater que les conséquences des exactions commises par l'homme contre la nature se retournent également contre lui-même. La planète n'est donc pas le théâtre de caprices gratuits. L'être humain aurait en quelque sorte, selon le principe implacable des causes et des effets, programmé librement ou inconsciemment sa propre expulsion du principe qui l'a fait advenir. Dans cette perspective, l'hominisation aurait été une erreur, pire encore, une absurdité. Comment la conscience d'un honnête homme peut-elle admettre cette cruelle hypothèse ? L'extinction prématurée de l'espèce humaine due à ses propres transgressions, considérée aujourd'hui comme une sérieuse probabilité, remettrait définitivement en question l'humanisation universelle qui demeure en dépit des apparences une aspiration permanente du genre humain depuis qu'il a pu distinguer le bien du mal. Quelque chose nous dit que la finalité de l'être humain est de transcender l'hominisation comme phase donnant une réalité tangible physique, biologique, matérielle à notre existence, pour aller vers un accomplissement que seuls peuvent réaliser nos attributs immatériels (intelligence, conscience, sentiments, libre arbitre, etc.). Nous avons la capacité de choisir, d'orienter notre destin, mais nous n'avons sans doute pas compris que cela devait s'accomplir dans le cadre strict des conditions fondamentales établies par la nature. L'accomplissement de l'être humain aurait alors comme finalité de faire advenir, par un humanisme éclairé au sein de la création, une dimension inédite, une sorte de fleuron issu de ce que la créativité humaine peut accomplir de plus élevé et de plus beau. L'humanisation pourrait être l'œuvre d'une force créatrice affranchie de la complexité et des pesanteurs de l'hominisation. Le genre humain, tout en étant ancré dans le monde des phénomènes élémentaires, dont il aura compris la valeur et la beauté, entrerait dans l'ère de la légèreté et de la prééminence de l'esprit, favorisant l'avènement d'une vision "sacrée" de la réalité et du réel. Pour ce faire, est-il enfin possible que l'humanité puisse mettre en commun ce qu'elle a généré de meilleur pour réduire et abolir le pire qui la menace plus que jamais et de la façon la plus décisive ?

LE PUZZLE DES NATIONS : PRODUIT DE L'INCOHÉRENCE

Examinée sur une mappemonde, la planète, une et indivisible de nature, prend la configuration d'un puzzle. Les humains y ont imprimé des frontières. Chaque morceau du puzzle représente le territoire plus ou moins étendu d'une nation. Cependant, contrairement au puzzle dont les éléments une fois réunis donnent une configuration rendant cohérent et intelligible le tout, celui des nations produit de l'incohérence. Car chacune d'entre elles est confinée sur un territoire dit "légitime" agrémenté d'un drapeau, d'un hymne national... Paradoxalement, les frontières arbitrairement établies et sans cesse modifiées selon les circonstances et les perspectives de l'histoire, sont supposées protéger les citoyens mais les enferment dans le même temps. Chaque territoire devient ainsi une enclave au sein d'une grande totalité. Il s'agit là du démembrement et du fractionnement d'un principe unitaire qui caractérise, comme nous l'avons vu, notre sphère terrestre. Le nationalisme crée finalement une sécurité illusoire, exacerbe l'insécurité qu'il est censé abolir et légitime la fabrication des armes pour la fameuse défense du territoire et par conséquent les équipements défensifs, offensifs, dissuasifs… Cette fragmentation est comme l'expression à une grande échelle du tribalisme initial non résolu. Ce tribalisme se décline également en divisions de croyances, d'idéologies, d'opinions, de religions, d'ethnies, de castes sociales. Cette division est la source des petits et grands conflits ; la politique et la géopolitique nous en donnent une illustration magistrale. Ce tribalisme se fonde également sur l'annexion et l'annulation de nombreuses cultures et identités, ce qui a pour effet un hégémonisme qui n'a cessé d'appauvrir en la standardisant la collectivité humaine au détriment de sa diversité comme richesse de tous.

NOUS SOMMES RESPONSABLES DE L'ORDRE OU DU DÉSORDRE QUE NOUS AVONS INSTAURÉ

La fragmentation dans le domaine matériel est le reflet de la fragmentation en des lieux subtils de la psyché humaine. Percevoir clairement que la recherche de la sécurité par le tribalisme est à la racine de l'insécurité et donc de la violence n'est pas chose facile, car cela implique d'aller à la source de l'insécurité qui est en chacune et chacun de nous. Sans rentrer dans des considérations psychanalytiques, il est en tout cas évident que le monde tel que les humains l'ont voulu a été entièrement déterminé par les concepts issus de la psyché humaine. Ni la nature, ni les extraterrestres ne sont responsables de l'ordre ou du désordre que nous avons instauré. L'intention humaine crée, incarne, matérialise les choses depuis l'objet le plus rudimentaire au plus élaboré ou sophistiqué. La terre est partout encombrée, enlaidie ou embellie par des œuvres du présent ou les vestiges d'un temps révolu, vestiges parfois ensevelis sous les sables des déserts que les humains ont souvent provoqués par leurs outrances. Ces outrances sont aujourd'hui exacerbées et accélérées sur une planète oasis ravalée à un casino et ravagée par le pillage et la loi du marché. Certaines innovations sont marquées par les visions fragmentaires de ceux qui les ont produites. Depuis la primitive massue ou l'épée jusqu'au missile intercontinental, c'est la pulsion de meurtre dirigée contre les autres qui détermine cet art archaïque et barbare. En dépit de toutes nos capacités et nos moyens, l'ordre que nous avons instauré sur terre est donc en réalité un immense désordre.

QU'EST-CE QUE L'HUMANISME AU XXIe SIÈCLE ?

SERVIR LES VALEURS OU SE SERVIR DES VALEURS ?...

Telles sont les deux questions que chaque individu devrait élucider en lui-même pour éclairer ses engagements humanistes. Mais de quelles valeurs s'agit-il ? La conception et la définition des valeurs ont été tout au long de l'histoire de l'humanité sujet de grands débats et de controverses philosophiques, théologiques, métaphysiques et idéologiques. Elles ont été de ce fait prétexte à regroupements et nationalismes, causes de clivages, de discordes et de dissensions. C'est au nom des valeurs contradictoires que les humains n'ont cessé de se confronter, continuent à le faire et le feront encore longtemps si une grande mutation ne se produit pas dans les consciences, pour mettre en évidence l'unité absolue du genre humain.

Le christianisme contre l'islam ou le judaïsme, l'idéologie communiste contre le libéralisme ont donné le fameux équilibre de la terreur, la guerre froide, l'Orient contre l'Occident, le peuple contre le peuple... Chaque antagoniste était convaincu de détenir la Vérité et les véritables valeurs, en appelant même à la caution divine pour infliger les pires sévices à ses semblables. Entre violence légitimée directe et indirecte, morale et immorale, violence économique qui affame des peuples entiers, et violence physique par les armes les plus perfectionnées, l'histoire humaine est comme prise dans l'ornière d'une terrible fatalité. De ces tragédies, nous tirons des œuvres d'art, de doctes analyses et des thèses qui remplissent nos bibliothèques, de grandes commémorations, mais nous demeurons impuissants ou indifférents à les éradiquer quand elles se déroulent sous nos yeux.

LES VALEURS DANS UNE PERSPECTIVE D'HUMANISATION POUR CONSTRUIRE UN MONDE ENFIN APAISÉ

Cependant, bien que fortement marquée par de grandes tragédies, l'histoire de l'humanité a également généré des valeurs dont la nature transcendante est reconnaissable au fait qu'elles contribuent à une authentique humanisation du destin collectif. Elles participent à l'instauration de l'unité, de la solidarité et à la convivialité du genre humain. Elles sont de ce fait comme la quintessence de ce que la conscience humaine a généré de plus beau et de plus élevé.

Servir ces valeurs, c'est contribuer à leur transmission dans leur intégrité sans les subordonner à nos instincts, à nos intérêts, à notre volonté de puissance ou de domination ni physique, ni psychique, ni morale. Ces valeurs sont le moyen le plus précieux que nous ayons pour construire un monde enfin apaisé, issu de la paix que nous aurons réalisée en nous-mêmes. Ces considérations ne peuvent être réduites à une leçon de morale. Je n'ai pas cette prétention. Elles constituent des faits objectifs et observables par tous ceux qui le veulent bien. Plutôt que proclamer des vérités interprétables de mille manières selon les convenances de chacun, je préfère nous inviter mutuellement à nous unir pour servir et promouvoir des valeurs simples telles que la bienveillance à l'égard de ceux qui nous entourent, une vie sobre pour que d'autres puissent vivre, la compassion, la solidarité, le respect et la sauvegarde de la Vie sous toutes ses formes.

SORTIR DES LIMBES DE LA PEUR

Car les humains ne parviennent pas à sortir des limbes de toutes les peurs qui les font sans répit se jeter les uns contre les autres, sans vraiment comprendre le caractère miraculeux de leur avènement. La science de ces mêmes humains leur enseigne que la vie sur la planète est due à la conjonction alors très improbable de facteurs absolument déterminants. Fragment du soleil, il a fallu à cette portion de matière échevelée de feu quatre milliards et demi d'années d'une alchimie complexe, une sorte d'incubation convulsée de violence inouïe durant laquelle les éléments se sont longtemps affrontés puis se sont apaisés, pour enfin donner naissance à une sphère paradoxale, matrice de la vie. De cette œuvre colossale est apparue comme une quintessence issue de toute cette patience, un ensemble d'organismes vivants, d'animaux et de végétaux, composant ainsi une biosphère forte et fragile à la fois, superbe comme une déflagration de vie. Pour mesurer la valeur et la rareté de cette biosphère qu'on peut imaginer comme une enveloppe, on peut se représenter un gros ballon enveloppé d'un sac en plastique ; l'épaisseur du sac représenterait cette sorte d'estomac retourné produisant, digérant et transformant ce qu'il produit sans qu'il y ait le moindre rebut. C'est de ce système que nous sommes nous-mêmes issus et dans lequel nous sommes irrévocablement inclus. Bien que nous soyons loin de tout connaître, nous en savons aujourd'hui assez pour éclairer notre entendement et inspirer notre comportement à l'égard d'une œuvre aussi extraordinaire, et c'est là que nous sommes à l'évidence dangereusement défaillants. Par on ne sait quel obscurantisme qui fait de notre espèce une sorte de "phénomène géologique" dans l'intégrité biologique, nous infligeons à cette œuvre magnifique des dommages indignes de l'intelligence.

LES ACQUIS POSITIFS DE LA SCIENCE : LA TECHNOLOGIE PEUT DEVENIR UN OUTIL PRODIGIEUX D'UNE MUTATION POSITIVE SANS PRÉCÉDENT

Les acquis positifs de la science et de la technique ne sont pas à récuser, mais ils ne peuvent continuer à servir le principe de dualité et de fragmentation qui domine la vision générale qu'a l'humanité d'aujourd'hui sans participer efficacement à la finitude de notre espèce. Un postulat unitaire, convivial, généreux est à adopter et nous savons combien une autre éducation des enfants pourrait rapidement y contribuer. Avec ce postulat, la technologie peut devenir un outil prodigieux d'une mutation positive sans précédent. Cela encore une fois implique une conscience collective affranchie des peurs qui nous valent par exemple un arsenal d'armements ridiculement tragique. L'avenir est subordonné plus que jamais à la maturité d'une humanité encore dangereusement infantile. Il est des organisations humaines dites sérieuses, graves, pleines de formules cultivées, mais qui évoquent la maternelle, l'innocence en moins...

LES SUPEROUTILS TECHNOLOGIQUES ONT BESOIN DE SUPERCONSCIENCES

Une partie importante des conflits humains n'ont pas pour mobile des enjeux territoriaux, mais l'affirmation de symboles, de croyances, de nationalismes, de cultures, d'idéologies divergents. On s'entre-égorge bien plus pour des idées, des "vérités", des opinions, des préjugés et des dogmes contradictoires que pour des litiges vraiment tangibles. La dualité est quasiment considérée comme le fondement du vivre ensemble. D'aucuns se référant au principe darwinien de la lutte des espèces prétendent qu'elle est source de progrès et génératrice d'un système dynamique. Il est étonnant de constater que l'antagonisme et la compétitivité qui affaiblissent et ruinent le système humain, comme chacune et chacun peuvent en faire le constat et en être parfois la victime ou le bourreau, soient préférés à l'unité, la solidarité, la réciprocité dont la puissance constructive et positive est infinie. Et cette défaillance est d'autant plus regrettable que jamais mieux qu'aujourd'hui avec ses innovations, l'espèce humaine n'a disposé des moyens capables de servir son unité. Encore faut-il qu'elle en ait un désir éclairé. La planète est d'ores et déjà un village, l'accès d'un continent à l'autre nécessite seulement quelques heures ; un réseau de télécommunications de plus en plus performant interconnecte les individus, encore minoritaires, il est vrai, équipés pour cela, et permet des échanges à l'échelle mondiale. Une sorte de noosphère, de réseau, de maillage de consciences autour de la planète est aujourd'hui possible. Elle se construit, mais sur quels critères ? Si elle doit continuer à servir la compétitivité, la dualité, la loi du marché, la connexion des solitudes et les turpitudes humaines, alors elle ne fera qu'accélérer le processus de dislocation du système humain et l'implosion finale. Les outils de communication servent-ils la relation, à savoir aider à prendre conscience de l'unité et de l'identité de l'espèce humaine ? Rien n'est moins sûr. Les superoutils ont impérativement besoin de superconsciences pour sortir de l'usage infantile que nous en faisons.

LES NOUVELLES PROPOSITIONS TENDANT À UN CHANGEMENT DE PARADIGME ET À LA MISE EN COMMUN DE NOS TALENTS ET NOS MOYENS POUR BÂTIR LE MONDE AUTREMENT

Le fait que la croissance illimitée soit le problème et non la solution est une évidence qui gagne enfin les esprits. Toutes ces propositions circonstanciées démontrent en définitive la nécessité absolue de changer de paradigme si nous voulons que notre histoire se poursuive. Car imaginer que le modèle de société qui domine et détermine le monde puisse être simplement aménagé est une très dangereuse illusion. Croire par exemple que la planète pourtant limitée n'est qu'un gisement de ressources à épuiser jusqu'au dernier arbre ou poisson est une faillite de l'esprit. Un nouveau paradigme, ou plus simplement une nouvelle logique, inspirée par l'urgence écologique et humaine doit impérativement placer l'humain et la nature au cœur de nos préoccupations, et tous nos moyens et compétences à leur service.

Il est évident que toute conscience qui s'éveille et agit a déjà triomphé de la fatalité. Car elle participe à la cohérence de la société par la cohérence qu'elle instaure en elle-même et dans sa vie. Nous sommes tous invités non pas à renoncer au monde, mais à mettre en commun nos talents et nos moyens pour le bâtir autrement. Dans l'ordre du possible constructeur d'humanisme, nous pouvons :

– Eduquer les enfants à la solidarité, au respect de la vie, à la gratitude, à la modération et à la beauté qui s'offre à profusion à notre admiration. On voit s'ériger des générations d'enfants qui faute d'un éveil à la vie sont réduits à n'être que des consommateurs insatiables, blasés et tristes. L'éducation ne semble pas prendre en compte les fantastiques mutations du monde et la nécessité de préparer les générations à venir aux grands défis du temps présent. Une réforme profonde nécessiterait entre autres d'abandonner l'esprit de compétition pour la complémentarité et l'émulation, d'encourager le rapprochement avec la nature pour mieux la comprendre et la respecter, de réhabiliter le travail et l'intelligence des mains.

– Travailler au rééquilibrage du féminin/masculin. La subordination universelle de la femme est une horreur en même temps qu'une aberration préjudiciable à une évolution positive de l'histoire. Il faut par exemple renoncer au terme "sexe opposé" pour "sexe complémentaire" qui traduit objectivement la réalité et induit un mode de pensée plus conforme à l'évidence. Le féminin est au cœur du changement.

– Respecter la vie sous toutes ses formes et particulièrement les créatures compagnes de notre destin, qui ont été si précieuses tout au long de notre histoire et auxquelles nous, êtres humains, devons tant. Au monde animal en particulier est imposée une condition d'oppression et de violence moralement illicite.

– Respecter et prendre soin de la terre à laquelle nous devons notre vie et notre survie, ainsi qu'à tous les biens communs indispensables : l'eau, la biodiversité sauvage et domestique, les savoirs et les savoir-faire utiles à l'accomplissement de tous... En remettant les pieds sur terre et en nous reconnectant à la nature, nous pouvons retrouver le goût de ce lien si vital et le sentir en nous.

– Transférer les efforts et les moyens consacrés au meurtre et à la destruction, à la résolution des grandes détresses humaines, telles que la famine, les maladies..., et à la restauration d'une biosphère terriblement endommagée.

– Considérer la modération, la sobriété comme un art d'être en harmonie avec soi-même, les autres et la nature. Il s'agit d'une remise en question réfléchie du "progrès", d'un acte conscient de libération de l'obsession du manque générateur d'angoisse, de violence et d'injustices intolérables.

– Redonner à l'économie ses lettres de noblesse et son magistère de régulateur des légitimes nécessités du plus grand nombre. Renoncer à la pseudo-économie fondée sur l'insatiabilité et l'avidité humaine qui ruine la planète et produit de la pénurie, de l'injustice et de la violence et qui sert bien plus le superflu qu'elle ne répond aux véritables besoins. Si les règles de l'économie avaient été appliquées, nul être humain ne manquerait de biens vitaux et les ressources ne seraient pas scandaleusement confisquées par une minorité d'humains au détriment du plus grand nombre. Produire et consommer localement est une première étape.

– Et pourquoi ne pas rêver d'un chantier international de restauration de notre merveilleuse planète ? Le pouvoir est entre nos mains.

À LA BASE DE LA TRANSFORMATION DU MONDE, UNE TRANSFORMATION PERSONNELLE...

Le changement de paradigme n'aura cependant pas de chance de succès sans un comportement individuel basé sur la modération et l'autolimitation, où les valeurs de l'être primeraient sur celles de l'avoir. C'est en cela que l'utopie de la sobriété volontaire et heureuse est une gageure en même temps éthique, politique, écologique et stratégique. Elle est éthique parce qu'elle contribue à une répartition plus équitable des biens légitimes. Elle est politique parce qu'elle instaure une organisation sociale fondée sur un labeur et une créativité humaine au service de la nécessité et non pour accumuler des biens capitalisables à merci. Elle est écologique parce qu'elle contribue à épargner les ressources naturelles en réduisant les prélèvements. Elle est stratégique parce qu'elle annule le "toujours plus" sur lequel se fondent les dictatures économiques et marchandes.

Ces propositions ne sont ni des préceptes moraux ni un nouveau décalogue à l'usage de l'écolo-humaniste, mais des propositions suggérées par l'évidence et inspirées par le désir d'un monde plus satisfaisant pour l'intelligence et le cœur. Car la logique dominant aujourd'hui le monde est totalement incompatible avec la vie et nous devons y renoncer. Elle ne peut être indéfiniment aménagée et prolongée comme s'acharne à le faire la gouvernance internationale en charge du destin collectif. Changer pour ne pas disparaître s'affirme et s'affirmera toujours plus comme un ultimatum irrévocable. Entendre et prendre en compte cette exigence sera enfin la preuve que l'intelligence fondée sur la lucidité pourra donner un ordre constructif à nos aptitudes. Une sorte d'intuition nous fait pressentir l'existence dans la réalité où nous sommes englobés d'un principe que rien ne peut atteindre ni pervertir. Cela nous est particulièrement révélé par l'immense beauté de la nature. Mais cela ne peut être appréhendé qu'en ces moments, trop rares dans la frénésie du monde, lorsque le silence dissipe tous nos tourments. C'est alors que nous pouvons prendre pleinement conscience de la majesté de la vie et de nos vies. A eux seuls, ces instants méritent notre gratitude et notre dévouement éclairé.

UN HUMANISME UNIVERSEL EST-IL ENFIN À L'ORDRE DU JOUR DE L'HISTOIRE DE L'HUMANITÉ ?

Cette question est tout à fait légitime pour chacune et pour chacun de nous car elle concerne la finalité et la raison d'être de ce que Teilhard de Chardin a appelé le "phénomène humain". Dans le contexte de l'évolution générale, ce phénomène est-il le résultat d'une combinatoire parmi d'autres d'atomes et de chromosomes et donc un hasard sans objet ? Est-il le couronnement d'un grand œuvre issu d'une conscience suprême avec un objectif déterminé par un "plan" ? Il s'agirait dans ce cas de l'initiative d'un principe qui aurait fait de l'humain l'enjeu majeur, voire la raison d'être de la création. A ces deux hypothèses, on peut apporter des réponses diverses, contradictoires et même conflictuelles. Force est de constater que l'absence de certitude absolue et l'immensité du mystère donnent à chacune et à chacun de nous le sentiment d'être les passagers d'un train du destin, dont nous ignorons la provenance autant que la destination. Tandis que le train va, le carrousel de naissances et de dissipations tourne aux rythme et cadences des jours, des ans et des siècles. Cela donne à notre présence momentanée au monde, que l'on soit riche ou pauvre, empereur, roi, président ou simple citoyen de la planète, une singulière contingence : nous passons, la vie demeure et se poursuit. Si l'on excepte la vision créationniste aujourd'hui considérée comme une singularité sans fondement par la majorité de la communauté scientifique, l'apparition de l'espèce humaine est très tardive dans le processus de la vie sur terre et elle résulte et fait partie de ce processus. Cet événement se situe dans les deux ou trois dernières minutes si l'on adopte vingt-quatre heures comme référence, donnant une mesure temporelle à toute cette longue évolution. Faut-il encore rappeler qu'il a fallu quatre milliards d'années pour qu'un ensemble d'organismes vivants, de végétaux et d'animaux, puisse émerger autour d'une masse minérale considérable ? A cet ensemble, nous avons donné le nom de biosphère et c'est lui qui, après bien des innovations extraordinaires, a permis l'émergence d'un mammifère perfectionné, vertical, doté d'entendement, de conscience, d'habileté manuelle, d'un libre arbitre…

ÉCOLOGIE ET HUMANISME

Au cœur même des grands tourments et des pires violences que l'humanité sait bien provoquer et entretenir, des ferments d'humanisme sont toujours présents. Les semences de paix, de compréhension, de compassion, d'altruisme, d'équité, d'amour sont une composante du genre humain, trop souvent submergées par l'ampleur des tragédies qui en même temps les suscitent. On peut cependant légitimement se demander pourquoi les rétrospectives permanentes sur les horreurs du passé, ajoutées à celles qui se déroulent quotidiennement sous nos yeux, ne produisent pas des résolutions inflexibles pour y mettre définitivement un terme. Ces drames s'inscrivent dans les mémoires, les grimoires, sont les sujets de vibrants discours, de savantes études et analyses des historiens remplissant les bibliothèques. On en fait des œuvres d'art, du cinéma, des discours dithyrambiques, des gestes héroïques, des controverses d'érudits qui renforcent les chants patriotiques, exacerbent les haines et les désirs de vengeance, suscitent des innovations toujours plus meurtrières pour de nouveaux charniers sitôt les armistices signés, accompagnés du fameux "plus jamais ça" et suivis de commémorations pleines d'émotion. Des stèles et des monuments s'élèvent à la mémoire des héros et des victimes, mais l'éradication de l'horreur qu'une véritable intelligence suggérerait est toujours ajournée. Toute l'histoire humaine est comme marquée du sceau de la dérision et de l'impuissance. Jamais plus qu'aujourd'hui l'humanité n'a mis autant de talent technologique et de moyens financiers au service de l'instinct de meurtre comme en témoigne notre arsenal militaire mondial. Les incantations sur l'amour, la démocratie, les droits de l'homme, la liberté et la concorde se mêlent aux "orages d'acier" incessants pour dire toute l'hypocrisie d'un destin ambigu. Face au constat d'impuissance de l'humanité de sortir de l'ornière de la violence multiforme (nationaliste, militaire, économique, idéologique, religieuse...), l'entendement le plus élémentaire n'a d'autre recours que de croire en des entités maléfiques, sataniques, qui entretiendraient le "mal" en manipulant l'être humain sur lequel elles auraient un grand ascendant. Ainsi l'espèce humaine serait confrontée au dilemme de connaître et de récuser le mal, mais sans pouvoir s'en libérer. Elle serait selon cette hypothèse qui peut devenir métaphysique, victime d'un sort, d'un enchantement, d'un maléfice dont seule une grande puissance tutélaire peut la délivrer. Comment souscrire à cette hypothèse qui peut devenir un alibi facile pour exempter les humains d'une responsabilité à l'égard de leur condition ?

NOUS DÉLIVRER DES TOURMENTS INCESSANTS PAR L'ADMIRATION ET LA GRATITUDE

Toutes ces questions, encore une fois et quelles que soient nos spéculations impuissantes, nous conduisent vers un estuaire d'inconnaissance. Avec ces hypothèses, je n'ai d'autres propositions que de reconnaître que l'intuition des peuples pour qui la création et les créatures sont sacrées m'interpelle. Chacun peut s'exclamer comme le ravi provençal devant le faste que la planète nous offre : Que c'est beau ! Que c'est beau ! Et nous voilà délivrés des tourments incessants par l'admiration et la gratitude, enfin au cœur de notre vocation, à savoir aimer et prendre soin de nous-mêmes, de nos semblables, des créatures compagnes et de notre planète mère qui ne nous appartient pas mais à laquelle nous appartenons. Indubitablement, nous passons, elle demeure…

LA BEAUTÉ PEUT-ELLE SAUVER LE MONDE ?

De mon point de vue, la réponse à cette question est “oui”, mais elle nécessite une clarification qui est loin d’être simple et j’en suis conscient. Je vais donc tenter d’en donner mon témoignage, face à la complexité d’une société dont l’avenir dépend des utopies dont on aura l’audace.

D’aucuns pensent donc que la beauté peut sauver le monde ; encore faut-il s’entendre sur ce qu’est la beauté et de quel monde il s’agit. Avant même l’avènement de notre espèce, ce que nous pouvons admirer de la nature aujourd’hui existait : une voûte céleste, dominée par le soleil déversant ses flots de lumière et de chaleur sur la terre le jour, et ensemencée la nuit de ses constellations lointaines, comme pétrifiées dans un silence infini, avec une lune dans ses cycles et ses cadences immuables ; les forêts, les fleuves, les océans, les montagnes, et toutes les créatures qui les habitent ; l’enchantement de couleurs, de parfums, de chants d’oiseaux existait déjà bien avant que nous n’existions. Il en va de même pour la colère des éléments, les tempêtes, la foudre et les cyclones, les éruptions volcaniques, la fureur des eaux, les séismes, mais aussi le calme profond, la paix profonde, la légèreté de la brise… Nous pourrions logiquement dire que la beauté n'a cure de l'être humain. Son existence ou sa non-existence est en quelque sorte contingente. La beauté existerait par elle-même et pour elle-même ; de même, l'extinction du genre humain ne changerait-elle rien à cette réalité et la planète Terre poursuivrait-elle son évolution soulagée d'un bipède bien "turbulent". Ce constat, s'il est admis, remet les choses à leur place. Il y a là une merveilleuse source d'humilité pour le prince autoproclamé de la création. Qu'en est-il alors finalement du phénomène humain dans ce contexte ?

L'anthropologie et l'archéologie ont mis en évidence que, dès son éveil, l'être humain s'est montré sensible à la réalité à laquelle il appartenait. Sensible à la nature, non pas seulement pour ce qu'elle lui offrait pour sa survie biologique de cueilleur-chasseur-pêcheur, mais aussi, à travers mythes et symboles, à ce qu'elle provoquait dans sa psyché, dans son intimité émotionnelle. Les peintures rupestres par exemple témoignent déjà de la capacité de ce primitif à observer d'une façon très aiguë les créatures présentes dans son ère d'existence. Il les aurait même divinisées pour s'exorciser probablement de la terreur qu'elles lui inspiraient, comme de tant d'autres phénomènes, alors pour beaucoup inexpliqués. Le tout s'inscrivait dans le grand mystère de la vie qui lui faisait pressentir l'âme d'un créateur en toute chose créée.

Durant de longues périodes, l'expression de la beauté par cet animiste a été inspirée et diversifiée par la diversité de la nature. C'est ainsi qu'en représentant par exemple les scènes illustrant leur propre vie, nos lointains ancêtres nous ont permis, par la magie de l'art, de partager avec eux leurs impressions et leurs ressentis profonds. L'être humain opère ainsi ce miracle de produire une sorte de phénomène vibratoire sous forme d'un code émotionnel transmissible à travers le temps et l'espace à ses semblables, de génération à génération. Il en va de même pour toutes les créations esthétiques qui ont jalonné notre histoire. Et cela témoigne de la beauté que représente l'identité incontestable du genre humain. Cependant, l'expression de la beauté comme besoin avéré de notre espèce ne se fait pas d'une façon consensuelle. Les appréciations de la beauté divergent sous l'influence des valeurs sur lesquelles se fondent les diverses cultures. Ainsi le beau pour les uns peut être laid pour les autres. Le concept de beauté est dans ce cas subordonné à la subjectivité humaine et par conséquent objet d'antagonismes, voire de conflits. Le peintre qui exalte le corps humain dans sa nudité peut réjouir les uns et offusquer les autres. De même qu'une magnifique sonate de Mozart peut n'être que bruit incompréhensible pour celui qui n'a pas été préparé par sa culture à la savourer.

Comment faire alors pour que la beauté de nature universelle puisse opérer l'unité profonde dans la diversité, satisfaire aux besoins de l'être humain, fragile et éphémère, et sublimer ce qui constitue son expérience tangible et intangible, pour l'affranchir de l'oubli en l'immortalisant ? L'art, cependant, censé être au service du beau, peut également esthétiser la laideur et rendre ainsi intelligible, selon l'interprétation de l'artiste, le message dont elle est porteuse pour notre gouverne. Il y a également ce paradoxe qui fait qu'un être humain vouant sa vie à l'expression de la beauté peut n'être pas dans sa vie propre affranchi de la laideur. Quel rapport peut avoir la beauté avec un art asservi aux pulsions les plus laides, comme les hymnes à la violence guerrière, esthétiquement bien construits pour galvaniser les foules, et attiser la haine, ainsi que les récits héroïques relatant des épopées sanglantes ? Cette beauté singulière n'est certainement pas pour sauver le monde.

Toutes ces ambiguïtés, loin d'élucider le concept de beauté, le troublent davantage. Tout au long de son histoire, l'être humain a produit du beau en même temps que des laideurs inouïes : musiques, peintures, poèmes, monuments, belles architectures, beaux jardins, beaux vêtements… Il a jalonné son itinéraire d'œuvres extraordinaires mais sur fond d'exactions à l'encontre de sa propre espèce et de la nature dont il clame dans le même temps la beauté. On évoque parfois ces hommes qui se délectent de musique et de tout ce que l'art peut leur donner à admirer, en même temps qu'ils infligent les pires sévices aux hommes, aux femmes, aux enfants, que les guerres ou autres circonstances tragiques mettent à la portée de leurs instincts les plus laids. L'art comme expression de la beauté a peut-être atténué ou adouci les mœurs mais n'a pas sauvé le monde. Les épisodes les plus tragiques, où l'être humain a atteint le summum de la laideur, par une horreur imputable à lui seul, inspirent l'art du cinéma, de la littérature, de la peinture…

C'est pourtant aussi au cœur de l'horreur que certains êtres humains témoignent parfois, au risque de leur vie, de la puissance et de la beauté de la compassion. Aujourd'hui plus que jamais, force est de constater que l'être humain a répandu de mille façons la laideur dans le monde. Il l'a universalisée et tandis que l'on se congratule, que l'on se récompense avec nos créations artistiques, chaque jour des forêts, des océans, des créatures innombrables sont détruits. Chaque jour des enfants meurent dans l'indifférence faute de nourriture et de soins. Chaque jour la guerre économique précipite des masses de gens dans le dénuement. Chaque jour des armes de destruction sont construites et répandues dans le monde. Toutes ces laideurs sont aujourd'hui banalisées. Notre sphère de vie, dont la splendeur est évidente pour toute conscience attentive, est à chaque instant outragée par la laideur.

Certains d'entre nous se sentent blessés par les traumatismes infligés à cette réalité à laquelle nous appartenons et qui, avec cette puissance créatrice mystérieuse, a fait de chacun de nous un réel chef-d'œuvre sans que nous en soyons vraiment conscients. Au-delà de tout manichéisme et des considérations morales primaires, la laideur destructrice et la beauté constructive cohabitent en chacun de nous. Le meilleur et le pire sont à l'évidence déterminés par notre façon d'être au monde que nous avons construit, et ce monde peut être sauvé par ce que nous recelons de plus beau : la compassion, le partage, la modération, l'équité, la générosité, le respect de la vie sous toutes ses formes. Cette beauté-là est la seule capable de sauver le monde. Car elle se nourrit de ce fluide mystérieux d'une puissance constructive que rien ne peut égaler, et que nous appelons l'Amour.

Postface

LE MOUVEMENT POUR LA TERRE ET L'HUMANISME

COMMENT AGIR ?

UNE NOUVELLE CONCEPTION DE LA POLITIQUE

Pas une journée ne passe sans que j'entende à la sortie de conférences, de stages, lors de soirée avec des amis, dans des réunions de quartier, le même appel : "Que peut-on faire ?" Depuis quelques années, je rencontre un nombre grandissant de personnes qui se sentent profondément interpellées par les crises que nous traversons et aspirent à un monde plus juste, plus équitable, où la nature serait respectée, où nos modes de fonctionnement individuels et collectifs seraient plus cohérents.

Dans le même temps, je vois des alternatives se développer à une vitesse grandissante dans la société civile. Un nombre considérable de mouvements, d'associations, de groupements d'individus, qui ne sont pour la plupart pas reliés les uns aux autres, se créent aux quatre coins de la France et du monde, venant grossir la masse des personnes et des organisations qui, depuis des décennies déjà, se sont engagées dans des démarches écologiques ou sociales.

Je ne peux alors m'empêcher de penser : pourquoi cette masse qui cherche ne rencontre-t-elle pas cette foule qui propose ? Pourquoi, à l'heure où les dangers sont les plus imminents, les défis les plus déterminants pour la survie de notre humanité, ne voit-on pas se créer une formidable synergie de compétences et de moyens ?

LES "SOLUTIONS" EXISTENT DÉJÀ

De façon générale, on peut dire que la majorité des "solutions" à la crise existent déjà à l'état de prototype dans la société civile : nouvelles technologies, nouveaux modes de production, de distribution et de consommation, nouveaux modes de communication et d'échange entre les individus ou les organisations, nouveaux processus décisionnels, nouveaux modes d'habitation individuels et collectifs, nouveaux modes d'éducation, nouvelles monnaies…

On pourrait évoquer pêle-mêle :

– les tuiles photovoltaïques à San Francisco qui isolent et créent de l'énergie pour les habitations ;

– le microcrédit en Afrique qui permet aux paysans de reconstituer de petits élevages vivriers de chèvres ;

– les paludiers de Guérande qui transmettent gratuitement leur savoir-faire aux paysans de Guinée, leur permettant d'augmenter de 30 % leur production de riz à l'hectare tout en préservant leur environnement (notamment leurs forêts) ;

– Jacques Gasc, agronome et économiste, qui a planté en quinze ans plus de 30 000 arbres au Sénégal grâce à une technique révolutionnaire et pourtant simplissime d'irrigation ;

– les universités gratuites d'Afrique du Sud qui ont contribué à faire chuter drastiquement les chiffres du chômage et de la criminalité ;

– les jardins phytoépurateurs de la ville de Wuhan au centre de la Chine qui permettent de récupérer à 100 % les eaux usées et ont fait baisser de 50 % la consommation d'eau potable de l'un des quartiers de la cité ;

– le procédé Vulcano inventé par un agriculteur du Nord-Pas-de-Calais qui réduit de 50 % la consommation de diesel d'un véhicule en la complétant par un apport en eau dans un bulleur (pour un tracteur qui roule 750 heures par an, il permet d'économiser 3 000 euros de gasoil) et qui équipe déjà plus de 250 engins agricoles et bateaux de pêche…

Mais ces alternatives, aussi pertinentes soient-elles, ne peuvent avoir un impact fort que si la logique de la société dans laquelle elles s'inscrivent et la logique des personnes qui les portent sont elles-mêmes repensées.

L'EXEMPLE DES AMAP (ASSOCIATION POUR LE MAINTIEN D'UNE AGRICULTURE PAYSANNE) AU "NORD"

Comme le décrit Pierre Rabhi, le péril alimentaire est aujourd'hui un enjeu majeur que devront affronter les sociétés du "Sud" mais également du "Nord". Parmi les facteurs qu'il a précédemment évoqués, la raréfaction du pétrole et la flambée du prix du baril vont contribuer à bouleverser notre capacité à nous nourrir. Non seulement les denrées ne pourront plus être acheminées qu'à des prix exorbitants et feront chaque jour l'objet de plus de spéculations (ce que nous commençons à constater aujourd'hui), mais elles coûteront de plus en plus cher à produire avec le système conventionnel (il faut environ 2,5 tonnes de pétrole pour une tonne d'engrais).

Produire naturellement et consommer localement dans des circuits non soumis aux fluctuations du marché redeviendra donc une nécessité incontournable pour parer à la crise.

Or que constatons-nous aujourd'hui ?

Premièrement, que les territoires français produisent une part largement minoritaire de la nourriture consommée par leurs populations.

Deuxièmement, que la logique du marché pousse aujourd'hui les agriculteurs, de façon quasi structurelle, à cultiver industriellement et chimiquement d'immenses surfaces en monoculture, leur revenu étant toujours garanti par la quantité et les subventions plus que par la qualité et la cohérence.

Alors comment faire ?

Pour répondre à cette question, des citoyens ont choisi de reprendre la responsabilité de la production de leur nourriture et par conséquent de sa provenance, de son mode de culture, de sa qualité...

Le système (importé du Japon puis des Etats-Unis par Denise et Daniel Vuillon) est simple :

– des consommateurs se regroupent (généralement entre 30 et 80) et préachètent à un producteur sa récolte (il peut s'agir de fruits, de légumes, de viande, de fromage, d'œufs...) ;

– le revenu ainsi assuré par les consommateurs évite au producteur d'être soumis aux fluctuations du marché et aux pressions des centrales d'achat. Il lui permet également de mutualiser le risque de mauvaises récoltes. Il est ainsi libre de produire biologiquement, en polyculture et sur des surfaces plus petites ;

– chaque semaine, il vient distribuer des paniers à 10 ou 15 euros aux membres de l'association.

On peut se demander quel impact a une telle alternative et quelle autre logique elle crée. A bien y regarder, il s'agit d'une transformation considérable.

Acheter localement ses fruits et légumes biologiques permet en effet de :

– participer à la sécurité alimentaire de la population (par la préservation des patrimoines nourriciers et de l'activité des paysans localement) ;

– entretenir le tissu social local ;

– créer des emplois (en privilégiant de multiples exploitations de taille réduite plutôt que de vastes déserts de monoculture mécanisés et exploités par un nombre réduit d'agriculteurs) ;

– favoriser la qualité alimentaire et la santé publique (pesticides dans les eaux, les aliments, l'air intérieur et extérieur) ;

– éviter la pollution des eaux ;

– développer la diversité des modes de vie et des terroirs ;

– veiller à la santé de la terre (environ 30 % des terres arables ont été stérilisées ou latérisées par des pratiques intensives durant ces trente dernières années) ;

– réduire les transports, supprimer les engrais et limiter ainsi l'impact sur le réchauffement climatique ;

– préserver la biodiversité (les pesticides et autres engrais portent gravement atteinte à la faune et à la flore) ;

– participer à la conservation des semences et goûter à toutes sortes de variétés souvent absentes des supermarchés et étals traditionnels (tomates anciennes, consoude, etc.) ;

– participer à une répartition équitable des richesses et limiter les "migrations humanitaires" de populations (le recours massif aux subventions et les quantités considérables produites ont permis de réduire le coût de transport des denrées à 1 % de leur coût global. On peut ainsi trouver des fruits et légumes européens à Dakar trois fois moins chers que les produits locaux. Ce qui retire toute chance à la paysannerie locale de vivre de son activité…).

Un simple choix (aller chercher ses fruits et légumes auprès d'un producteur local plutôt que dans une grande surface par le biais de la chaîne industrielle de production) est très loin d'être anodin. Si on multiplie ce choix et l'ensemble de ses impacts par les millions de citoyens que nous sommes, on peut plus facilement imaginer comment la société peut muter et de quelle façon nous pouvons reprendre du pouvoir sur notre futur, individuellement et collectivement.

C'est d'autant plus vrai que des exemples équivalents existent dans l'éducation, l'habitat, les transports, la santé…

L'ÈRE DU LEGO

Le besoin n'est donc plus tant d'inventer de nouvelles initiatives (même si la recherche reste primordiale dans un certain nombre de domaines) que de les relier entre elles, de créer des synergies puissantes et de les communiquer à toutes celles et à tous ceux qui cherchent des moyens de mettre en cohérence leurs aspirations et leurs modes de vie.

Comme le dit Van Jones, avocat californien spécialisé dans les droits sociaux et environnementaux, “nous sommes entrés dans l’ère du velcro, du Lego, des bâtisseurs de ponts”.

CHACUN DE NOS ACTES EST UN VOTE. MAIS POUR QUEL MONDE VOTONS-NOUS ?

Pour répondre à ce besoin, le Mouvement pour la terre et l’humanisme s’est structuré, sous l’impulsion de Pierre Rabhi, comme une plateforme où ces deux mouvements convergents de la société civile (celui qui cherche et celui qui propose) puissent se rencontrer.

De cette rencontre, nous espérons que naîtra chez de nombreuses personnes une attitude nouvelle à l’égard de la société et de la vie en général. Une posture éminemment politique, car consciente, responsable et agissante.

Nous espérons redonner à chaque personne et groupe de personnes qui le souhaitent plus de pouvoir de choisir, de voter pour le monde qu’ils désirent voir naître, à travers chacun de leurs actes les plus quotidiens : se nourrir, se vêtir, se déplacer, se loger, s’éduquer, s’informer, échanger…

Il ne s’agit pas de remettre en question le bien-fondé de la représentation politique, mais de l’assortir d’un engagement pratique et éclairé de chaque citoyen.

Dans notre monde globalisé, chaque acte est un vote. Il est parfois malaisé de s’en convaincre tant nos systèmes sont complexes et nos activités déconnectées les unes des autres, comme sur une gigantesque chaîne de montage. Il peut paraître incongru de croire que le choix d'une tomate, d'un poulet, d'un vêtement, l'attention que nous portons aux personnes que nous côtoyons chaque jour, le choix de nos systèmes de management sur nos lieux de travail, puissent bouleverser l'orientation de l'humanité. Et pourtant, c'est cette somme de petits choix, stimulés par une vision consommatrice et productiviste du monde, qui nous a conduits là où nous sommes. L'exemple des AMAP illustre quant à lui ce qu'une dynamique inverse peut avoir de créatrice.

La question est plus que jamais de savoir comment nous pouvons participer, à notre échelle, à créer le monde dans lequel nous voulons vivre tout en interconnectant l'ensemble de nos projets, de nos cultures, de nos modes de vie, dans leur diversité, leurs singularités et leur autonomie.

Nous n'attendons plus d'un système économique ou d'une idéologie politique qu'ils apportent toutes les réponses aux questions de la société, nous n'attendons plus de nos élus ou de nos chefs d'entreprise qu'ils donnent, seuls, son orientation au monde. Nous choisissons, aujourd'hui, de reprendre en main notre destinée et celle de nos enfants. Nous le faisons avec toute l'ardeur que peut nous procurer une tâche qui a du sens. Nous le faisons pas à pas et à notre échelle, dans l'espoir que notre pas en entraînera beaucoup d'autres et que l'humanité sera bientôt, dans son ensemble, en mesure de choisir son futur plutôt que de le subir.

CYRIL DION,
directeur du Mouvement
pour la terre et l'humanisme

QUELQUES EXEMPLES DE RÉALISATIONS EN LIEN AVEC LE MOUVEMENT POUR LA TERRE ET L'HUMANISME

INSPIRER ET PROMOUVOIR DE NOUVEAUX MODES DE VIE

L'objectif du Mouvement pour la terre et l'humanisme est avant tout d'inspirer et de promouvoir, à l'échelle locale, de nouveaux modes de vie qui placent l'humain et la nature au centre des priorités de la société.

Car s'il est impératif d'alerter, nous croyons qu'il est encore plus capital d'inspirer par la mise en lumière de modèles alternatifs, conviviaux et porteurs de qualité de vie.

Si de grands efforts doivent évidemment être faits pour porter secours aux populations en détresse, si des mesures doivent être prises pour limiter ou réparer les dégâts liés aux pollutions, il est d'autant plus crucial de s'attaquer à la source de toutes ces catastrophes. C'est la raison pour laquelle nous avons choisi de concentrer nos efforts sur la transformation des consciences et des modes de vie dans la société civile, en France et plus généralement en Occident, là où l'empreinte écologique et sociale de chaque habitant est la plus dommageable.

Voici quelques exemples d'alternatives autonomes développées dans le réseau du Mouvement.

1. Comment cultiver la terre, améliorer sa fertilité, augmenter ses rendements et pérenniser son capital sans aucun apport chimique ? Comment redonner aux paysans les plus démunis la capacité de se nourrir par eux-mêmes ?

Depuis dix ans, l'association Terre et humanisme forme le grand public aux techniques de l'agroécologie au mas de Beaulieu. Elle mène parallèlement des actions à l'international pour redonner aux paysans des zones arides des techniques leur assurant autonomie et souveraineté alimentaire.

S'inspirant de l'ordre et de l'équilibre naturels, l'agroécologie est à la fois une éthique et une pratique respectueuse du vivant, permettant la préservation et l'amélioration de la fertilité de la terre. Elle permet de répondre aux critères de sécurité et de salubrité alimentaires, tout en sauvegardant les patrimoines nourriciers.

AVANTAGES ÉCOLOGIQUES : entretien et régénération des sols, fourniture d'humus garant de leur bonne fertilité, optimisation de l'usage de l'eau, respect et sauvegarde de la biodiversité, lutte contre l'érosion et la désertification, applicable sur terre aride.

AVANTAGES ÉCONOMIQUES : réduction considérable des coûts de production due à l'inutilité des intrants chimiques (engrais, pesticides...) nuisibles et onéreux : alternative adaptée à la précarité des moyens des pays du Sud ; relocalisation de l'économie par la valorisation des ressources locales : réduction des transports générateurs de dépendance énergétique et destructeurs des espaces naturels.

AVANTAGES SOCIAUX : autonomie alimentaire des individus et des collectivités locales tout en maintenant les échanges complémentaires, facteurs d'ouverture et de convivialité : réduction des flux migratoires et de l'émigration de la misère ; production quantitative d'une alimentation de qualité, garante de bonne santé.

http://www.terre-humanisme.fr

2. *Comment repenser nos modes d'éducation, de production, de transformation, de construction, d'habitat, de gestion de l'eau et de l'énergie ? Comment recréer des zones d'autonomie ?*

2.1. Les Amanins

L'écocentre des Amanins est un véritable lieu d'expérimentation d'un mode de vie agroécologique. Il accueille toute l'année des visiteurs en séjours courts ou prolongés.

L'alimentation y est pour une grande partie produite, transformée et consommée sur place.

L'énergie y est autogénérée par des panneaux solaires, une éolienne et une chaudière à bois.

Les bâtiments y sont construits de façon totalement écologique, économe en énergie, avec des matériaux naturels et locaux.

L'eau de pluie y est récupérée dans des citernes et sert à l'irrigation des cultures.

Un système de phytoépuration traite les eaux usées qui peuvent ainsi être réutilisées.

Une école implantée sur le site permet aux enfants d'apprendre au contact de la nature et d'être particulièrement sensibilisés aux questions écologiques.

http://lesamanins.com

2.2. La Borie

L'écosite de La Borie est un lieu d'échange et d'expérimentations qui accueille des groupes, des chantiers de jeunes, des volontaires européens, des stagiaires, des bénévoles…

Il organise des animations axées sur l'éducation à l'environnement sur le site et hors site, des formations basées sur des actions concrètes, des stages à thèmes pour les étudiants et tous les publics, des accompagnements de travaux et conseils sur tous sujets.

http://ecolieuxdefrance.free. fr/LES_SITES/Ecosite_ la_ Borie.htm

http://www.pierreseche.net/laborie.htm

3. Comment repenser l'éducation des enfants en remplaçant la compétition par la collaboration, la dépendance par l'autonomie, la performance par l'épanouissement ? Comment recréer un lien intergénérationnel entre les plus jeunes et les anciens ?

Depuis 1999, la Ferme des enfants propose une pédagogie Montessori à la ferme pour des enfants en classe de maternelle, en primaire et en collège (ouverture septembre 2009). Cette école permet aux familles qui le souhaitent de choisir une pédagogie différente pour répondre à leurs aspirations et à leur recherche personnelle en termes d'accompagnement de l'enfant.

La pédagogie pratiquée au sein de l'école repose particulièrement sur les fondements suivants :

– une éducation à la vie : acquisition de savoirs et savoir-faire indispensables (compétences scolaires, vie pratique, jardinage, bricolage, artisanat…), connaissance de soi et développement de la conscience ;

– une éducation à la paix : pratique des conseils d'enfants et expérimentation d'un système démocratique, communication non violente, écoute et gestion des émotions... ;

– une éducation à l'écologie : découverte et connaissance du milieu naturel, de son potentiel, de sa diversité, gestion respectueuse des ressources, pratiques écologiques, tri et recyclage des déchets... ;

– une éducation sociale : par une pédagogie de la rencontre avec des artistes, des professionnels, des scientifiques, des voyageurs et avec la cohabitation des personnes retraitées.

La Ferme des enfants est à l'origine de la création d'un lieu de vie pédagogique, écologique et intergénérationnel. L'école sera ainsi intégrée à un hameau construit en matériaux entièrement écologiques et à haute performance énergétique, protégés de la spéculation financière par des dispositions légales particulières, destinés à accueillir des personnes retraitées, des personnes actives seules, des couples ou des familles.

Les “actifs” justifient leur présence sur le lieu par une adhésion à la Charte éthique et par une participation professionnelle cohérente avec la vocation de ce lieu, dans les domaines de l'enseignement, de l'écologie, de l'agriculture ou de l'artisanat. La présence de retraités sur le lieu de vie permet de retrouver un lien social naturel présent dans de nombreuses sociétés du monde d'où les aînés ne sont pas exclus, et d'en tirer les bénéfices. Ces retraités peuvent être encore très actifs et s'impliquer dans la vie du lieu (jardinage, participation au quotidien, art, artisanat...), ou bien aspirer à davantage de retrait selon leurs souhaits et leurs possibilités. Ils doivent nécessairement s'engager sur les valeurs qui unissent l'ensemble de la communauté et, selon leur choix, participer à leur propre rythme à leur mise en œuvre. Ainsi enfants et personnes âgées pourront partager leurs expériences et l'éducation des plus jeunes bénéficiera de l'apport des plus anciens. Un potager et un verger donneront notamment l'occasion à ces partages de s'exprimer au plus proche de la nature dans le cadre d'un projet agroécologique. Le décloisonnement des générations permet aux différents protagonistes de s'investir dans une relation profitable à tous, ouvrant l'esprit et le cœur.

http://www.la-ferme-des-enfants.com

4. Comment améliorer sa qualité de vie lorsque l'on a peu de moyens financiers ? Comment recréer de l'activité économique et de la vie sociale dans des zones rurales désertées ? Comment articuler le lien entre ville et campagne ?

Né dans une oasis, Pierre Rabhi a toujours été sensible à la symbolique de ces lieux de ressourcement, nichés au cœur des déserts. C'est pour répondre à la désertification humaine, économique, morale… qu'il a initié le Mouvement des oasis en tous lieux.

Ainsi de nombreuses personnes se sont établies seules ou en groupe dans des lieux où ils ont tâché de reconstruire leur autonomie. D'abord en retrouvant des savoir-faire (potager, autoconstruction, etc.) mais également en recréant un lien social précieux et facilitant. De nombreuses expériences ont ainsi permis à ces pionniers d'économiser beaucoup d'argent en mutualisant certains de leurs biens, de leurs savoirs et de leurs compétences : constructions collectives de maisons, mutualisation de voitures pour se rendre à la gare, d'appareils ménagers (lave-linge), de jardins potagers… Ils prouvent aujourd'hui qu'il est possible de faire reposer la richesse sur autre chose que la seule capacité financière et que l'on peut bénéficier d'une grande qualité de vie grâce à un autre paradigme de société.

Les Oasis en tous lieux sont aujourd'hui membres du réseau européen des écovillages.

BP 14, 07230 Lablachère. Tél. : 04 75 39 37 44
mouvementdesoasisentouslieux@orange.fr

5. Comment mettre en cohérence les proclamations religieuses des textes sacrés sur la protection de la vie sous toutes ses formes et la réalité d'un monastère ? Comment concilier une vie dédiée à la spiritualité et une activité économique ?

Les textes religieux sont tous d'accord pour déclarer la Création divine “sacrée”. Pourtant, très peu de religieux sont aujourd'hui engagés dans l'écologie, dans leurs actes ou même dans leurs proclamations. Comment expliquer ce paradoxe ?

Au monastère orthodoxe de Solan, cette cohérence a été atteinte grâce à la rencontre entre les moines et moniales et Pierre Rabhi.

Le domaine a ainsi été abordé de façon cohérente et respectueuse du milieu :

– les moniales cultivent un potager agroécologique qui leur assure l'essentiel de leur consommation de légumes tant pour les religieux et religieuses que pour les hébergements ;

– le domaine fait l'objet d'un programme exemplaire de protection de la biodiversité, piloté par les sœurs ;

– il vit aujourd'hui de la production de vin biologique (environ 30 000 bouteilles par an) dont l'un des crus a été primé dans un concours régional.

Cette expérience a permis la rencontre entre Pierre Rabhi et le patriarche orthodoxe de Roumanie. Un vaste programme pour appliquer l'agroécologie dans l'ensemble des monastères du pays est en ce moment à l'étude. Il permettrait de préserver une part non négligeable de la précieuse paysannerie du pays et d'alimenter en denrées de qualité plusieurs centaines de milliers de personnes.

Monastère de Solan, 30330 La Bastide-d'Engras. Tél. : 04 66 82 94 25.

6. *Comment susciter l'engouement politique là où il n'est plus ? Comment redonner à la société civile toute sa place dans la triarticulation de la société (politique, économique, société civile) ?*

Le Mouvement Appel pour une insurrection des consciences (MAPIC) s'est constitué à partir des fondamentaux de la précandidature de Pierre Rabhi à l'élection présidentielle de 2002. Il œuvre pour un changement radical de la société initié par les changements individuels, et renforcé par l'action collective. A travers des relations non violentes à l'écoute de l'autre, le MAPIC développe une pédagogie pour passer du sentiment d'impuissance à la prise de responsabilités :

– s'éveiller et prendre conscience ;

– se lever et agir.

Il développe toute alternative favorisant le tissu social de proximité, en l'initiant ou en partenariat.

L'action de ses membres se situe à différents niveaux :

– "développement personnel" et recherche de cohérence dans les gestes quotidiens ;

– actions et réalisations locales (économie solidaire, événements culturels, forums citoyens) ;

– projets, campagnes et actions en réseau, à toutes les échelles, du local à l'international (promotion des alternatives en matière d'alimentation et de santé, d'agriculture, des énergies renouvelables, de finance éthique, de politique globale…).

http://www.appel-consciences.info

QUE PROPOSE LE MOUVEMENT POUR LA TERRE ET L'HUMANISME ?

1. Des outils de sensibilisation permettant de comprendre les enjeux et les ressorts de la crise actuelle et les pistes de solutions pour en sortir :

– documentaires (sortie en 2009 d'un documentaire réalisé par Coline Serreau, partenariat avec des films comme *We Feed the World*, *Herbe*…) ;

– livres (collection coéditée avec Actes Sud et diffusion de livres partenaires) ;

– stages ;

– conférences, animation de débats (après projections de films, événements) ;

– sites web :

blog de Pierre Rabhi – http://www.pierrabhi.org/blog

http://www.pierrabhi.org/blog/http://www.pierrabhi. org/blog/

blog du Mouvement – http://www.mthblog.org

site du Mouvement – http://mvt-terre-humanisme.org

et sites des associations partenaires précités.

2. *Un portail d'acteurs permettant de trouver comment agir :*

– des propositions d'actions et de modes de vie, et les moyens de les mettre en pratique à côté de chez soi (trouver les producteurs, artisans, formateurs, constructeurs...) ;
– la possibilité d'enrichir individuellement ou collectivement le site de nouvelles propositions ;
– la possibilité de signaler des acteurs (AMAP, marchés bio, écoconstructeurs, lieux d'éducation à la nature, de formation à l'agroécologie...) pour enrichir la plateforme et en faire un outil collaboratif.

3. *Un annuaire permettant de trouver les associations ou groupes locaux dans lesquels s'investir à côté de chez soi pour agir sur l'organisation de son quartier, de sa commune...*

4. *Un site web collaboratif permettant :*

– d'être en relation avec un grand nombre de personnes et de structures portant les valeurs de la Charte pour la terre et l'humanisme ;
– de construire collectivement des projets à l'échelle locale, régionale, nationale en mutualisant les compétences, les expériences et les ressources ;
– de connaître les projets et actions menés à l'échelle locale ;
– de produire collectivement des contenus théoriques ou pratiques (fiches pratiques, guides, modes d'emploi...).

5. Pour les organisations, associations et groupes locaux :

la possibilité de faire connaître leur structure et leurs actions du grand public et des personnes concernées à l'échelle locale (le Mouvement ne propose en effet pas d'adhésion mais encourage les personnes à adhérer à des associations ou groupes à côté de chez elles) : présence sur l'annuaire du site-portail avec fiches descriptives sur la structure ; possibilité de trouver de nouveaux adhérents et – potentiellement – de nouvelles ressources.

6. Pour les acteurs de l'économie sociale et solidaire (alimentation, artisanat, habitat, santé, éducation…) :

la possibilité de se faire connaître des personnes en recherche de cohérence dans leurs modes de vie avec des fiches descriptives sur le site-portail du Mouvement et une géolocalisation grâce à la carte.

Plus d'informations sur : www.mvt-terre-humanisme.org

CYRIL DION,
directeur du Mouvement pour la terre et l'humanisme

Annexe

QUELLE PLANÈTE LAISSERONS-NOUS À NOS ENFANTS ? QUELS ENFANTS LAISSERONS-NOUS À LA PLANÈTE ?

CHARTE INTERNATIONALE POUR LA TERRE ET L'HUMANISME

La planète Terre est à ce jour la seule oasis de vie que nous connaissons au sein d'un immense désert sidéral.

En prendre soin, respecter son intégrité physique et biologique, tirer parti de ses ressources avec modération, y instaurer la paix et la solidarité entre les humains, dans le respect de toute forme de vie, est le projet le plus réaliste, le plus magnifique qui soit.

CONSTATS : LA TERRE ET L'HUMANITÉ GRAVEMENT MENACÉES

Le mythe de la croissance illimitée

Le modèle industriel et productiviste sur lequel est fondé le monde moderne prétend appliquer l'idéologie du "toujours plus" et la quête du profit illimité sur une planète limitée. L'accès aux ressources se fait par le pillage, la compétitivité et la guerre économique entre les individus. Dépendant de la combustion énergétique et du pétrole dont les réserves s'épuisent, ce modèle n'est pas généralisable.

Les pleins pouvoirs de l'argent

Mesure exclusive de prospérité des nations classées selon leur PIB et PNB, l'argent a pris les pleins pouvoirs sur le destin collectif. Ainsi, tout ce qui n'a pas de parité monétaire n'a pas de valeur et chaque individu est oblitéré socialement s'il n'a pas de revenu. Mais si l'argent peut répondre à tous les désirs, il demeure incapable d'offrir la joie, le bonheur d'exister...

Le désastre de l'agriculture chimique

L'industrialisation de l'agriculture, avec l'usage massif d'engrais chimiques, de pesticides et de semences hybrides et la mécanisation excessive, a porté gravement atteinte à la terre nourricière et à la culture paysanne. Ne pouvant produire sans détruire, l'humanité s'expose à des famines sans précédent.

Humanitaire à défaut d'humanisme

Alors que les ressources naturelles sont aujourd'hui suffisantes pour satisfaire les besoins élémentaires de tous, pénuries et pauvreté ne cessent de s'aggraver. Faute d'avoir organisé le monde avec humanisme, sur l'équité, le partage et la solidarité, nous avons recours au palliatif de l'humanitaire. La logique du pyromane-pompier est devenue la norme.

Déconnexion entre l'humain et la nature

Majoritairement urbaine, la modernité a édifié une civilisation "hors sol", déconnectée des réalités et des cadences naturelles, ce qui ne fait qu'aggraver la condition humaine et les dommages infligés à la terre.

Au Nord comme au Sud, famine, malnutrition, maladie, exclusion, violence, mal-être, insécurité, pollution des sols, des eaux, de l'air, épuisement des ressources vitales, désertification… ne cessent de croître.

PROPOSITIONS : VIVRE ET PRENDRE SOIN DE LA VIE

Incarner l'utopie

L'utopie n'est pas la chimère mais le “non-lieu” de tous les possibles. Face aux limites et aux impasses de notre modèle d'existence, elle est une pulsion de vie, capable de rendre possible ce que nous considérons comme impossible. C'est dans les utopies d'aujourd'hui que sont les solutions de demain. La première utopie est à incarner en nous-mêmes car la mutation sociale ne se fera pas sans le changement des humains.

La terre et l'humanisme

Nous reconnaissons en la terre, bien commun de l'humanité, l'unique garante de notre vie et de notre survie. Nous nous engageons en conscience, sous l'inspiration d'un humanisme actif, à contribuer au respect de toute forme de vie et au bien-être et à l'accomplissement de tous les êtres humains. Enfin, nous considérons la beauté, la sobriété, l'équité, la gratitude, la compassion, la solidarité comme des valeurs indispensables à la construction d'un monde viable et vivable pour tous.

La logique du Vivant

Nous considérons que le modèle dominant actuel n'est pas aménageable et qu'un changement de paradigme est indispensable. Il est urgent de placer l'Humain et la Nature au cœur de nos préoccupations et de mettre tous nos moyens et compétences à leur service.

Le féminin au cœur du changement

La subordination du féminin à un monde masculin outrancier et violent demeure l'un des grands handicaps à l'évolution positive du genre humain. Les femmes sont plus enclines à protéger la vie qu'à la détruire. Il nous faut rendre hommage aux femmes, gardiennes de la vie, et écouter le féminin qui existe en chacun d'entre nous.

Agroécologie

De toutes les activités humaines, l'agriculture est la plus indispensable car aucun être humain ne peut se passer de nourriture. L'agroécologie que nous préconisons comme éthique de vie et technique agricole permet aux populations de regagner leur autonomie, sécurité et salubrité alimentaires tout en régénérant et préservant leurs patrimoines nourriciers.

Sobriété heureuse

Face au "toujours plus" indéfini qui ruine la planète au profit d'une minorité, la sobriété est un choix conscient inspiré par la raison. Elle est un art et une éthique de vie, source de satisfaction et de bien-être profond. Elle représente un positionnement politique et un acte de résistance en faveur de la terre, du partage et de l'équité.

Relocalisation de l'économie

Produire et consommer localement s'impose comme une nécessité absolue pour la sécurité des populations à l'égard de leurs besoins élémentaires et légitimes. Sans se fermer aux échanges complémentaires, les territoires deviendraient alors des berceaux autonomes valorisant et soignant leurs ressources locales. Agriculture à taille humaine, artisanat, petits commerces… devraient être réhabilités afin que le maximum de citoyens puissent redevenir acteurs de l'économie.

Une autre éducation

Nous souhaitons de toute notre raison et de tout notre cœur une éducation qui ne se fonde pas sur l'angoisse de l'échec mais sur l'enthousiasme d'apprendre. Qui abolisse le "chacun pour soi" pour exalter la puissance de la solidarité et de la complémentarité. Qui mette les talents de chacun au service de tous.

Une éducation qui équilibre l'ouverture de l'esprit aux connaissances abstraites avec l'intelligence des mains et la créativité concrète. Qui relie l'enfant à la nature à laquelle il doit et devra toujours sa survie et qui l'éveille à la beauté et à sa responsabilité à l'égard de la vie. Car tout cela est essentiel à l'élévation de sa conscience…

Pour que les arbres et les plantes s'épanouissent, pour que les animaux qui s'en nourrissent prospèrent, pour que les hommes vivent, il faut que la terre soit honorée.

PIERRE RABHI

TABLE

BABEL

Extrait du catalogue

1048. CLARO
Madman Bovary

1049. JEANNE BENAMEUR
Les Reliques

1050. KATARINA MAZETTI
Entre Dieu et moi, c'est fini

1051. STEFANO BENNI
Margherita Dolcevita

1052. OLIVIER PY
Théâtre complet III

1053. CLAUDIE GALLAY
Les Années cerises

1054. IN KOLI JEAN BOFANE
Mathématiques congolaises

1055. ANDRÉ BENCHETRIT
Impasse Marteau

1056. MARIE-SABINE ROGER
Les Encombrants

COÉDITION ACTES SUD – LEMÉAC

Achevé d'imprimer en janvier 2012 par Normandie Roto Impression s.a.s. 61250 Lonrai sur papier fabriqué à partir de bois provenant de forêts gérées durablement (www.fsc.org) pour le compte d'ACTES SUD, Le Méjan, Place Nina-Berberova, 13200 Arles.
Dépôt légal 1re édition : avril 2011.
N° d'impression : 120079.
(Imprimé en France)